SDGsで考える日本の災害

藤岡達也 著

1 地震・津波

大修館書店

目次

スゥ /Su
苗木の妖精で，頭についた二葉から色々な情報を集めることができる。調べた内容を友だちのディーに話すことが好き。

ディー /Dee
苗木の妖精で，頭についた１つの葉っぱで色々な考えをまとめることができる。友だちのスゥが調べた情報を聞くことが好き。

グー /Gu
木の実の妖精で，スゥとディーの友だち。二人が調べたり考えたり話し合ったりしている様子を興味深く見つめている。

読者への
メッセージ

SDGsで考える日本の災害
―防災・減災・復興

どうしてSDGsで日本の災害を考えるのか

SDGs（持続可能な開発目標）は，Sustainable Development Goals の略称であり，持続可能な社会をつくるための国際的な達成目標です。持続可能な社会とは，現在を生きる人々だけでなく，未来の人々にも必要な自然や地球環境を損なわない社会のことです。つまりSDGsとは，環境と調和した科学技術の開発や社会の発展のための目標なのです。自然や地球環境は，人間に対してさまざまな恵みを与えるだけでなく，時には自然災害という深刻な被害をもたらします。日本は昔から地震や暴風雨などに襲われてきましたが，そこから防災・減災そして復興に関する教訓を得てきました。こうした自然災害への対応は持続可能な社会をつくるために必要であり，地球温暖化などの気候変動への対応にもつながります。現在のわたしたちの生活を維持しながら，世界中の人々が未来の地球上でも安全に暮らし続けられる「持続可能な社会」を築いていくために，防災・減災，復興を通して，自然や人，社会とのつながりと関わりについて学んでいきましょう。

1 SDGsと自然災害削減への取り組み

❶SDGsと防災・減災・復興

本シリーズで取り上げる地震・津波，火山噴火や台風による集中豪雨などは，本来**自然現象**にすぎない。自然現象が発生した場所に人間がいたり，人間生活に悪影響をおよぼしたりした時に初めて**自然災害**になる。

日本ではこうした自然災害への対応について「防災」という言葉が用いられるが，火災などの事故災害（人災）とは異なり，自然災害（天災）は，人間がいくら努力を重ねても完全に防ぐことは難しい。自然災害につながる自然現象の発生は，先端の科学技術によっても止められず，社会が防災の体制を整えても被害はゼロにならない。つまり災害を防ぐ「防災」には限界がある。

そこで最近は，災害を減らす「減災」という考え方も使われるようになってきた。

国際連合（以下国連）など国際的には「Disaster Risk Reduction」が用いられ，これは「災害リスク削減」を意味する。

もちろん「防災」であっても「減災」であっても，日常のあらゆるレベルでの備えが重要であることは変わらない。災害を拡大させな

SDGsには17のゴール（世界的目標）の中に，それを達成するためのターゲット（課題）と232の指標があります

【図1】SDGsのゴールとロゴマーク

いためにも，迅速で組織的な取り組みや復旧に向けた活動が欠かせない。さらに災害発生前以上の地域の再生を目指す「**復興**」に向けての計画や，ほかの地域からの長期間にわたる継続的な支援なども必要になってくる。住居や資産などだけでなく，かけがえのない人を喪った悲しみや精神的な立ち直りなど，心に関するアフターケアも，社会全体でじゅうぶんに対応する必要がある。

こうした防災・減災・復興に必要な「しなやかな強さ」や「回復力」を，**SDGsでは「レジリエント」や「レジリエンス」[1]という言葉で表現している**。防災では「自助」「共助」「公助」の言葉がよく用いられるが，基本となる「自助」の取り組みの限界が，SDGsの視点をもった地域内での「共助」へ，さらに国内外での「公助」へと広がってきた。

これからの減災・防災は，SDGsの視点を踏まえながら，一人ひとりに何ができるかを探ることが大切なのだ。

❷SDGsのゴールに示された自然災害削減への取り組み

SDGsの17の目標＝ゴール【図1】には，達成するために具体的な課題＝ターゲットが設定されている。その中には自然災害に関するターゲットも多く含まれているので，ゴールと合わせて次ページで紹介する。

これをみると，自然災害に直接関係するゴールやターゲットだけでもさまざまなものがある。地球上のすべての人たちが生きていくために，自然環境との調和や，災害に対するレジリエンスをもつ重要性を示していることがよくわかる。

[1] 強靭性，復元性，たくましさなど，さまざまな日本語訳があるのでそのまま使われることが多い。

SDGs 1 貧困をなくそう：あらゆる場所のあらゆる形態の貧困を終わらせる

1.5　2030年までに，貧困層や脆弱な状況にある人々の強靱性（レジリエンス）を構築し，気候変動に関連する極端な気象現象やその他の経済，社会，環境的ショックや災害に暴露や脆弱性を軽減する。

SDGs 2 飢餓をゼロに：飢餓を終わらせ，食料安全保障および栄養改善を実現し，持続可能な農業を促進する

2.4　2030年までに，生産性を向上させ，生産量を増やし，生態系を維持し，気候変動や極端な気象現象，干ばつ，洪水およびその他の災害に対する適応能力を向上させ，漸進的に土地と土壌の質を改善させるような，持続可能な食料生産システムを確保し，強靭（レジリエント）な農業を実践する。

SDGs 11 住み続けられるまちづくりを：包摂的で安全かつ強靱（レジリエント）で持続可能な都市および人間居住を実現する

11.5　2030年までに，貧困層および脆弱な立場にある人々の保護に焦点をあてながら，水関連災害などの災害による死者や被災者数を大幅に削減し，世界の国内総生産比で直接的経済損失を大幅に減らす。

11.b　2020年までに，包含，資源効率，気候変動の緩和と適応，災害に対する強靭さ（レジリエンス）を目指す総合的政策および計画を導入・実施した都市および人間居住地の件数を大幅に増加させ，仙台防災枠組2015-2030に沿って，あらゆるレベルでの総合的なリスク管理の策定と実施を行う。

SDGs 13 気候変動に具体的な対策を：気候変動およびその影響を軽減するための緊急対策を講じる

13.1　すべての国々において，気候関連災害や自然災害に対する強靱性（レジリエンス）および適応の能力を強化する。

SDGs 15 陸の豊かさを守ろう：陸域生態系の保護，回復，持続可能な利用の推進，持続可能な森林の経営，砂漠化への対処，ならびに土地の劣化の阻止・回復および生物多様性の損失を阻止する

15.3　2030年までに，砂漠化に対処し，砂漠化，干ばつおよび洪水の影響を受けた土地などの劣化した土地と土壌を回復し，土地劣化に荷担しない世界の達成に尽力する。

各ターゲットの最初の数字はゴールの数字を，小数点以下はターゲット番号を示している。わたしたちが普段見ている短いキャッチコピーのあとの文章は英語の直訳で自然な日本語の表現としてはなじまないかもしれないが，外務省による翻訳のためそのまま使用する（下線は筆者によるもの）❷。

2 減災・復興に関する自然災害削減への取り組み

SDGsはさまざまなゴールやターゲットが自然災害と関連しているが，実現に向けて特に注目したいのが**SDGs4「質の高い教育をみんなに」**だ。減災や復興のために，教育が必要になってくるからだ。

ESD（Education for Sustainable Development）という教育目標❸からその必要性を考えてみよう。ESDはそれぞれの項目が独立しているのではなく，つながっている【図2】。たとえば「減災・防災」を考える時に，両隣の「海洋」と「気候変動」を無視することはできない。「海洋」は多くの資源によって人間に限りない恵みを与えているが，津波の発生(▶p.48)や台風時の高潮(▶第3巻)によって，沿

❷本文中のSDGsのゴールやターゲットについては，読みやすさを考え，日本ユニセフ協会のサイトを参考にした訳になっている。このページで示した外務省による仮訳は，国連広報センターのサイトが参考になる。

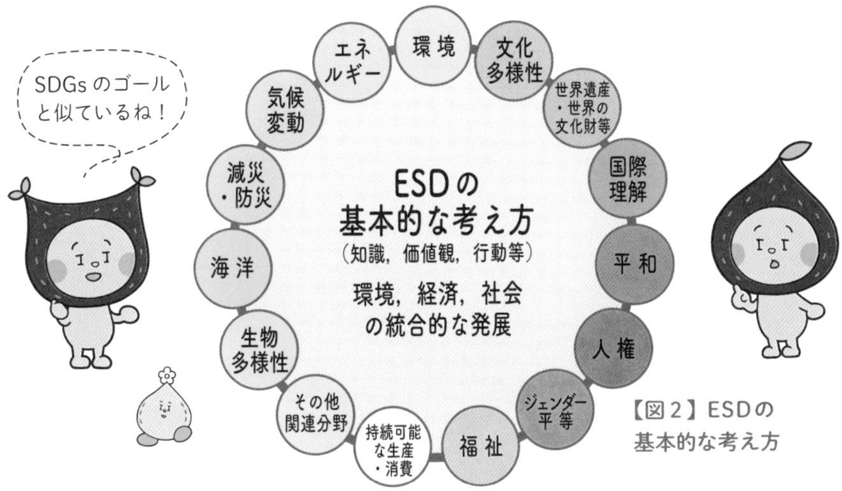

【図2】ESDの基本的な考え方

ESD: Education for Sustainable Development

【6つの視点】	【7つの能力・態度】
■多様性（いろいろある）	■批判的に考える力
■相互性（関わりあっている）	■未来像を予測して計画を立てる力
■有限性（限りがある）	■多面的・総合的に考える力
■公平性（一人ひとり大切に）	■コミュニケーションを行う力
■連携性（力合わせて）	■他者と協力する力
■責任制（責任を持って）	■つながりを尊重する態度
	■進んで参加する態度

岸部に大きな災害を繰り返しもたらしてきた。台風のエネルギーは海水温と関係しており，集中豪雨や台風は「気候変動」と関係する。東日本大震災〔2011〕における福島第一原子力発電所事故などを考えると，もう1つ隣の「エネルギー」についても考える必要がある。

こうしてみると，ESDの各項目が減災・防災につながっていることが理解できるだろう。ESDでは「**6つの視点**」を軸にして，教師や生徒が持続可能な社会づくりに関わる課題を見つけ，「**7つの能力・態度**」を身につけることをねらいとしている。これは防災・減災，復興に関しても重要な能力である。

つまり**ESDはSDGsの基本的な理解につながり**，SDGs達成に欠かせない教育目標であるだけでなく，防災・減災教育の具体的な内容にも深く関わっているのである。

「SDGsで考える日本の災害」シリーズは，読者がこうした能力を伸ばすために必要な情報や考えるヒント，具体的な学習課題などで構成されている。読者のみなさんが全3巻を読み，調べたり話しあったりしていく中で，減災・防災・復興のために必要な視点や，課題解決に欠かせない能力を身につけていってくれることを心から願っている。

❸日本政府が提唱した「国連持続可能な開発のための教育の10年（UN/Decade of ESD）」（2005～2014）という教育目標から始まり，2015年からの後継プログラムGAP（Global Action Plan），その後継プログラムとして「持続可能な開発のための教育：SDGs実現に向けて（ESD for 2030）」という教育目標が設定されている。

[関連SDGs：4・17]

SDGsでとらえる 地震・津波

1 世界で発生する自然災害

アジア防災センターによると，世界の自然災害による犠牲者は90%以上がアジアに集中しているとされている。アジアのおもな農業である稲作に適した沖積平野❶に人口や生活基盤が集まっており，台風やサイクロンによって気象災害が起きると，その影響が大きいためとされる。

風水害だけではない。大規模な**地震**や火山活動もアジアでは多いのだ。地震や津波，火山活動による自然災害は世界においても発生場所が集中しているが，世界の地震の発生状況を示した【図1】からも，アジアでは多くの地震が発生していることが理解できるだろう。いわゆる**プレート境界**(▶p.18)では，頻繁に地震が発生している。特に日本は，国土面積は世界のわずか0.28%にしかすぎないが，日本周辺で発生したマグニチュード（以下M）6.0以上の地震は世界の20%に達する（JICE〈日本国際協力センター〉調べ）。また，海洋中で巨大地震が発生すると大津波が生じ，沿岸部に大被害を与えることも珍しくない(▶p.48)。

一方，大陸内部など安定地塊と呼ばれる形成されてから億年単位以上の地域では，地震の頻度が少ないことも理解できる。こうした国や地域では長い間地震被害を受けた経験がない場合もあり，地震に対する備えをうながすことは難しい。

2 世界の地震・津波被害

SDGs17「パートナーシップで目標を達成しよう」というゴールとの関わりから，大規模自然災害を見ていこう。

❶スマトラ島沖地震と大津波

2004年，インドネシア共和国スマトラ島の西方で，M9.3という超巨大地震が発生した（1960年に発生したチリ地震のM9.5に次ぐ）。犠牲者の総数は22万6,566人に達し，**津波**による被害では史上最大というだけでなく，自然災害の記録としても歴史上最悪の惨事であった。震源はスンダ海溝の中にあり，インド・オーストラリアプレートがユーラシアプレートの下に沈み込むことによる**海溝型地震**(▶p.48)だったと考えられている。地震後に発生した大津波は，インドネシアからインド，スリランカ，タイ，マレーシアなど東南アジア全域を中心に広がり，甚大な被害が発生した。

太平洋側の国々に整備されている津波警報の国際ネットワーク（津波早期警報システム）はインド洋の各国には設置されておらず，避難勧告などは発令されなかった。太平洋津波警報センター（ハワイ）は津波発生のおそれに気づいたものの，警報を出した地域は限られていた。結果的に甚大な被害を生じること

❶河川の堆積作用によって形成される地形。海岸周辺の低地なので洪水に見舞われたり，軟弱な地層のため地震の際に震度が大きくなったりする。

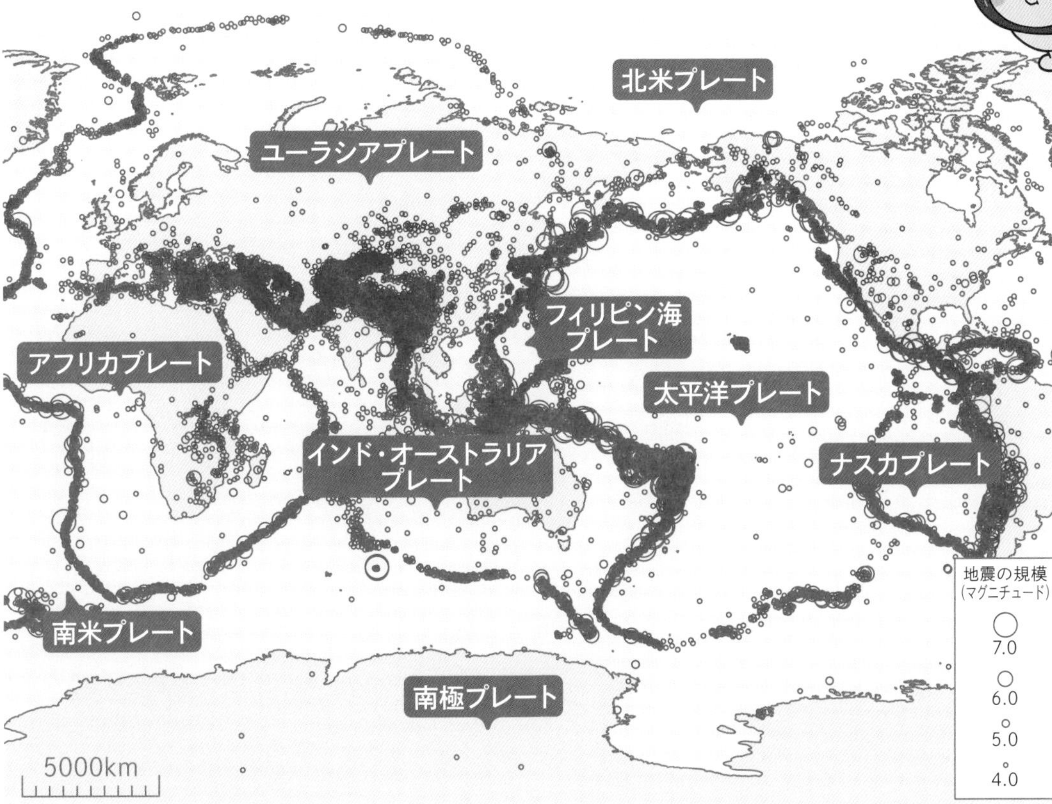

【図１】世界の地震発生状況とプレート

になった国には適切な情報を送ることができず，特にインドネシアではまったく対応できなかった。

こうした観測体制や教育体制の不備から，UNESCO（国連教育科学文化機関）は「世界最悪の人災による悲劇」のワースト5の１つとして，このスマトラ島沖地震の津波災害を認定している。

❷四川大地震と子どもの犠牲

2008年に中華人民共和国で起きた**四川大地震**は，四川盆地の北西端にあって北東から南西の方向に走る衝上断層（断層面が水平に近い逆断層（▶p.31））が動いた結果，起こったとみられている。中国民政部の報告によると，発生当初の死者は6万9,197人，負傷者37万4,176人にのぼり，1万8,222人が行方不明とされた[2]。また，四川省副知事による発表では児童生徒の死亡者数が1万9,065人とされた。これは9万人以上とされる死者・行方不明者全体の２割を超える。

特に問題となったのは，学校校舎の倒壊が四川省だけで6,898棟にものぼったことだ。倒壊による教師と児童生徒の被害が犠牲者全体の１割以上を数え，学校建築における耐震基準の甘さが指摘されることとなった。

3 世界とともに考える BOUSAI

日本はスマトラ島沖地震［2004］による被

❷国際連合の国際防災戦略（ISDR）では死者を８万7,476人としており，犠牲者数は機関によって異なっている。

害に対し，５億ドルの支援をはじめ，救助目的の護衛艦２隻・補給艦１隻ほか自衛隊の災害派遣，国際緊急援助隊の派遣をおこなった。

自然災害の多い日本からは，こうしたハード面の支援だけでなく，ソフト面でも世界に発信すべき情報が多い。スマトラ島沖地震のあと，日本は津波防災の冊子を作成し，被害に遭った国々に配布した【図２】。冊子では「**稲むらの火**」（▶p.38）という物語を紹介し，大地震後に発生する津波被害を多く経験してきた日本の教訓を伝えている。

遠い地域の災害ほど自分ごととしては考えにくいものである。また，自分の住む地域で起きた災害であっても，過去のことであれば忘れられやすい。しかし，プレート同士の境界域であれば地震・津波の発生条件は同じである。この冊子で地震・津波の発生するメカニズムを理解したり，地域の過去の災害を知ったりすることは防災の基本となるのだ。

ただ残念だったのは，冊子配布はあくまで海外への支援という意識が強く，日本国内では刊行物すら作成されなかった。スマトラの津波から7年後の2011年に東日本大震災（▶p.12）が起き，地震や大津波が日本にとって他人ごとでなかったことをわたしたちは痛感することになる。

４ SDGsで考える子どもの安全

SDGs4のターゲットの１つ**SDGs4.a**には「**子どものこと，障がいや男女の差などをよく考えて，学校の施設をつくったり直したりし，すべての人に安全で，暴力のない，誰も取り残されないような学習のための環境を届ける。**」と記されている。学校における安全は不可欠だが，アメリカで繰り返される学校での銃乱射事件や，ロシアによるウクライナ侵攻による子どもたちの犠牲のように，日々世界のどこかで子どもたちの安全が脅かされている。

人災だけでなく自然災害でも，多くの子どもたちが犠牲になっている。先述の2008年四川大地震のほか，1999年に台湾で発生した921地震（台湾大地震）でも多くの犠牲者が出た。【写真１】は地震によって倒壊した光復中学校校舎である。現在は地震遺構「921地震教育園区」として，断層直上に建てられていたことで甚大な被害を受けた校舎や運動場が，当時のまま保存されている。921地震の最大規模マグニチュードは7.6で，その破壊力のすさまじさがよくわかる。

日本でも，東日本大震災では600名近い子どもたちが犠牲になった。犠牲者のほとん

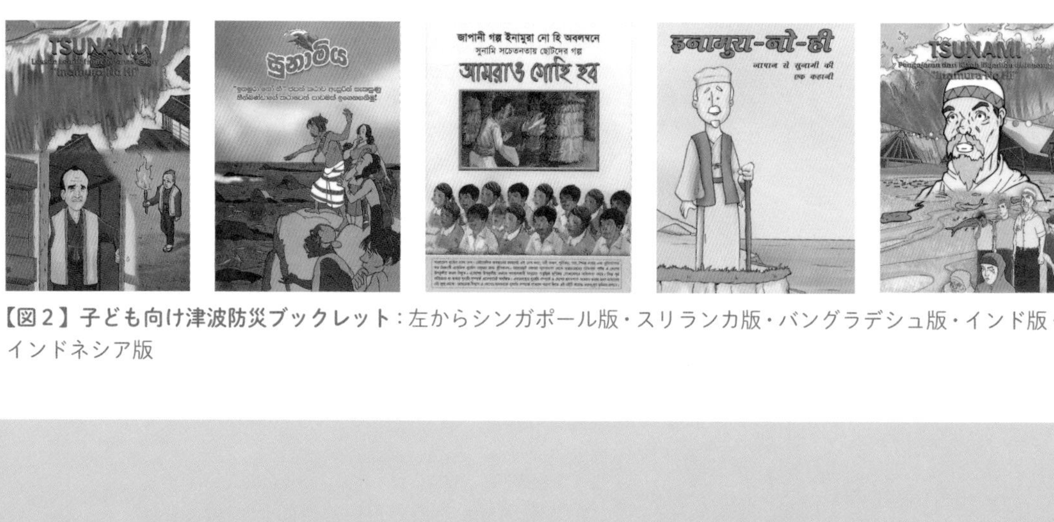

【図２】**子ども向け津波防災ブックレット**：左からシンガポール版・スリランカ版・バングラデシュ版・インド版・インドネシア版

【写真1】921地震教育園区（台湾）

どは津波によるものだった。地震発生後すぐに高台に避難することで犠牲者を出さなかった学校もあれば，石巻市立大川小学校のように避難が遅れたことで，児童・教師合わせて84名もの死者・行方不明者が生じた学校もあった。

地震発生当時，多くの学校ではまだ授業時間中だったため，教師による適切な避難誘導がおこなわれ，学校にいた子どもたちのほとんどは助かった。その一方で，自宅などにいたため避難できず，犠牲になった子どもの例もある。このことから，子ども自らが危険予測をして，適切な行動を取ることができるようにする教育の必要性がいわれるようになった。大地震が起きても倒壊しない校舎設計と建設の必要性はいうまでもないが，学校が危機管理マニュアルの作成や避難訓練を実施するだけでなく，子ども自身が判断力と対応力をもつことの重要性が明確になったのである。

なお，921地震で真っ先に救助に駆けつけた日本に対して，台湾は東日本大震災の時に最大の支援をおこなった。**SDGs17「パートナーシップで目標を達成しよう」**は，災害発生時にも意味があり，日常のパートナーシップが危機の時に重要となることが，この事例からわかるだろう。

1 東日本大震災と三陸沖での大地震・大津波

宮城県が2031年まで保存・管理することになっている
津波のすさまじい威力がわかるね
15.5mの津波が襲いかかった
12m
防災対策庁舎

【写真１】南三陸町防災対策庁舎（宮城県，2011）

① 東日本大震災の衝撃

2011年3月11日に発生した東北地方太平洋沖地震は，大津波や福島第一原子力発電所事故を引き起こし，「**東日本大震災**」と呼ばれる未曽有の災害となった。犠牲者(死者・行方不明者)数も18,800人という甚大な数字にのぼっている。そのうち児童生徒など学校関係の犠牲者は600名を超え，なかでも宮城県石巻市立大川小学校では，児童74名・教師10名が犠牲となった。

この地震では震度7を観測した地域もあり，東北地方各地で大きな揺れが起きたが，校舎の倒壊によって子どもたちが犠牲になった例は報告されていない。死者・行方不明者はいずれも地震動のあとに生じた津波によるものであり，改めて**TSUNAMI**(日本語がそのまま英語になっている)のおそろしさがわかる。

SDGs 13.1「気候に関する災害や自然災害が起きた時に，対応したり立ち直ったりできるような力を，すべての国で備える。」というターゲット達成の必要性が伝わる災害だった。

② 繰り返された大地震・大津波

青森県から福島県にかけての太平洋側は

❶電気・水道・ガスなど生活や産業活動の基盤。インフラストラクチャー（infrastructure）を略した言い方。

❷災害で倒壊した建物をそのままの形で残し，災害の恐ろしさや教訓を次世代に伝えるもの。施設をまとめたサイトがある。

「三陸沖」と呼ばれ，この地域では昔から頻繁に巨大地震が生じ，それが大津波となって被害をもたらしてきたことが記録されている。近代以降に限っても，1896（明治29）年の明治三陸地震（犠牲者約22,000人），1933（昭和8）年の昭和三陸地震（犠牲者3,074人）と２度も大きな被害が出ている。ちなみに，明治以降に日本で起きた地震の人的被害のうち，1923（大正12）年の関東大震災における死者・行方不明者約105,000人が最大である。

東京大学地震研究所初代所長の寺田寅彦[1878-1935]は「文明が進めば進むほど，天然の暴威による災害がその激烈の度を増す」と書き残したが，東日本大震災後のインフラ[1]の混乱とその復旧の大変さを考えると，この言葉はまるで予言のように思えてくる。

3 風化させない取り組み —震災遺構の保存と課題

どんなに大規模な自然災害が起きても，発生場所が自分の住む場所から離れていると，多くの人は他人ごとだと思いがちである。あるいは自分の住む地域で災害が発生しても，時間が経てば人はそのことを忘れてしまう。

そのため昔から，災害が起きたあとには今後その場所に住む人のために石碑や記念碑が建てられてきた【写真２】。東日本大震災でも，今後の教訓とするための**震災遺構**[2]が整備された。しかし，遺族の中には，家族が亡くなった建物は早く撤去してもらいたいと考える人も多く，また行政にとっても震災遺構を維持する経費の問題があり，震災遺構の保存についての意見は分かれている。

【写真２】**震災記念碑**：岩手県にある記念碑。明治・昭和・平成の３つの地震津波を記録している。

4 津波からの教訓

東日本大震災が発生したのは14時46分ごろで，学校は授業時間帯だった。大川小学校のように避難が遅れて多くの犠牲が生じた教訓から，２次避難所の設定，地域の危険性の理解，危機管理マニュアルの見直し，ハザードマップの検討などが学校に求められるようになった。一方で，教職員による適切な誘導で津波から逃れられた学校も多い。岩手県釜石市立釜石東中学校では生徒が率先して避難し，その様子を見た地域住民の避難につながった。多くの人の命を救ったこの避難は「**釜石の奇跡**」と呼ばれる。**SDGs4「質の高い教育をみんなに」**と関連した日ごろからの防災教育の重要性が明確になった事例だ。

考えてみよう

東日本大震災の震災遺構を調べて，被害の様子を考えてみよう。

津波遺構たろう観光ホテル（岩手県）

石巻市震災遺構門脇小学校（宮城県）

2 繰り返される南海トラフ地震

1 繰り返された大地震・大津波

プレート境界で起きる**海溝型地震**は同じ地域で繰り返し発生するのが特徴だ（▶p.18）。発生原因の１つは，日本列島が乗っているプレートに海洋プレートが沈み込むこと。東北地方の太平洋側沿岸部で巨大地震が何度も発生してきたのはこのためだが，西日本の沿岸部でも海溝型の巨大地震が繰り返されてきた。近畿・東海の地域は有史以来比較的人口が多く，経済活動も活発だったことから，数多くの地震記録が残っている。巨大津波によって多くの犠牲が生じてきたのも東北地方の太平洋側と同様で，海溝型地震への対応は**SDGs 11「住み続けられるまちづくりを」**実現における最大の課題といえるだろう。

近い将来，東海・東南海・南海地震（南海トラフ地震）が起こるといわれており，大規模な津波が発生する可能性がある。過去の地震でも津波の被害は大きかったことがわかっている。**日本海溝**から東北日本の陸地までの距離に比べ，**南海トラフ**（▶p.18）から西日本までの距離が近いため，地震発生後，津波が襲来するまでの時間は短いと考えられ，避難時間をいかに短くするかが課題となっている。

周期的に地震が
起きているんだなあ

2 歴史にみる南海トラフ地震

文献に残っている東海・東南海・南海地震の状況から，地震の発生は周期的であることがわかっている【図１】。

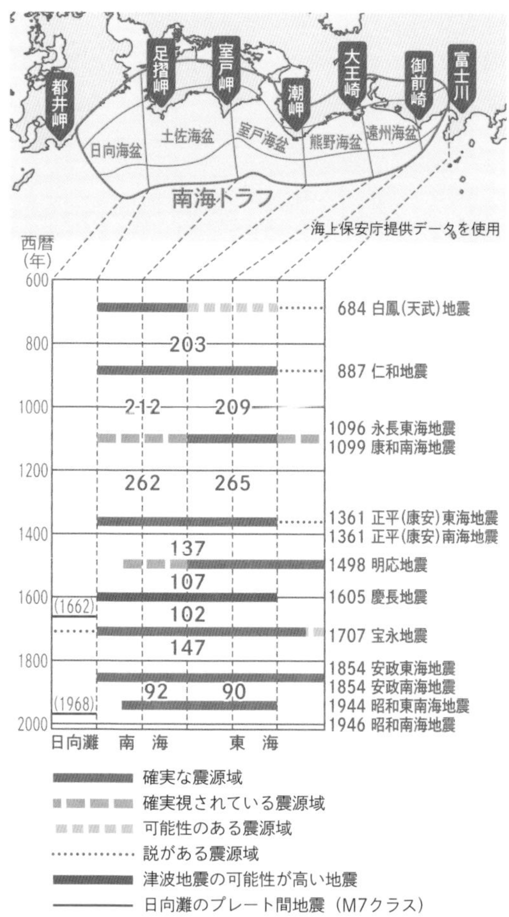

【図１】南海トラフ地震の震源域と発生周期

これらの地域の約500年前から現在までの歴史をたどってみよう。まず1498（明応7）年にM8.2～8.4と想定される地震が東海道全域で発生している。津波の被害が大きく，現在の三重県で10,000人，静岡県で26,000人の溺死者が出たとされている。

1605（慶長9）年には，M7.9の地震の被害が東海・南海・西海各地で発生し，千葉県の犬吠崎から九州までの太平洋沿岸に津波が押し寄せ，多くの溺死者が記録されている。

1707（宝永4）年にもM8.4クラスの地震が発生した。死者約2万人，倒壊家屋約6万戸とされ，我が国最大級の地震と考えられている。

1854（安政元）年には中部地方の太平洋側でM8.4の安政東海地震が発生，その32時間後に同じくM8.4と想定される近畿中南部を中心とした安政南海地震が発生し，大規模な津波によって多数の犠牲者が生じている。

20世紀に入ると，1944（昭和19）年12月7日にM7.9の地震が東海沖で発生。「昭和の東南海地震」と呼ばれるもので，静岡・愛知・三重で甚大な被害が出た。死者・行方不明者1,223人，倒壊家屋17,599戸，流失家屋3,129戸という記録が残っている。1946年12月21日にはM8.0の地震が南海道沖で発生。「昭和の南海地震」と呼ばれ，特に中部以西で被害がいちじるしく，死者1,330人，倒壊家屋11,591戸，焼失家屋2,598戸であった。どちらの地震も津波が発生し，地盤沈下の記録も残っている。

こうした過去の記録から，南海トラフ地震の発生周期はおよそ100年から150年と考えることができる。最後に大きな地震が起きた1946年から100年後にあたるのは2046年。周期で考えると，現在から30年以内に南海トラフ型の巨大地震が発生する可能性は非常に高いということがわかる。

【図2】南海トラフ東部のプレート境界

【写真1】寺田寅彦の実家に記された格言（高知市）

3 東海地震の可能性

もう1つ気になるのが東海地震だ。安政の東海・南海地震から90～92年後に東南海・南海地震は発生したが，静岡県東部～神奈川県西部ではその後大きな地震が起きていない。そのため，ひずみエネルギーがじゅうぶん開放されていないと考えられている。【図2】で示した地域ではいつ地震が発生しても不思議ではないのだ。国や自治体によるさまざまな観測体制が整えられ，対策が検討されているが，個人での備えもおこなう必要があるだろう。

考えてみよう

普段は日本海側や内陸部で生活していても，地震発生時に太平洋側にいないとは限らない。自分たちの住んでいる地域でどんな津波避難訓練がおこなえるだろうか。

3 日本海側のプレート境界の地震

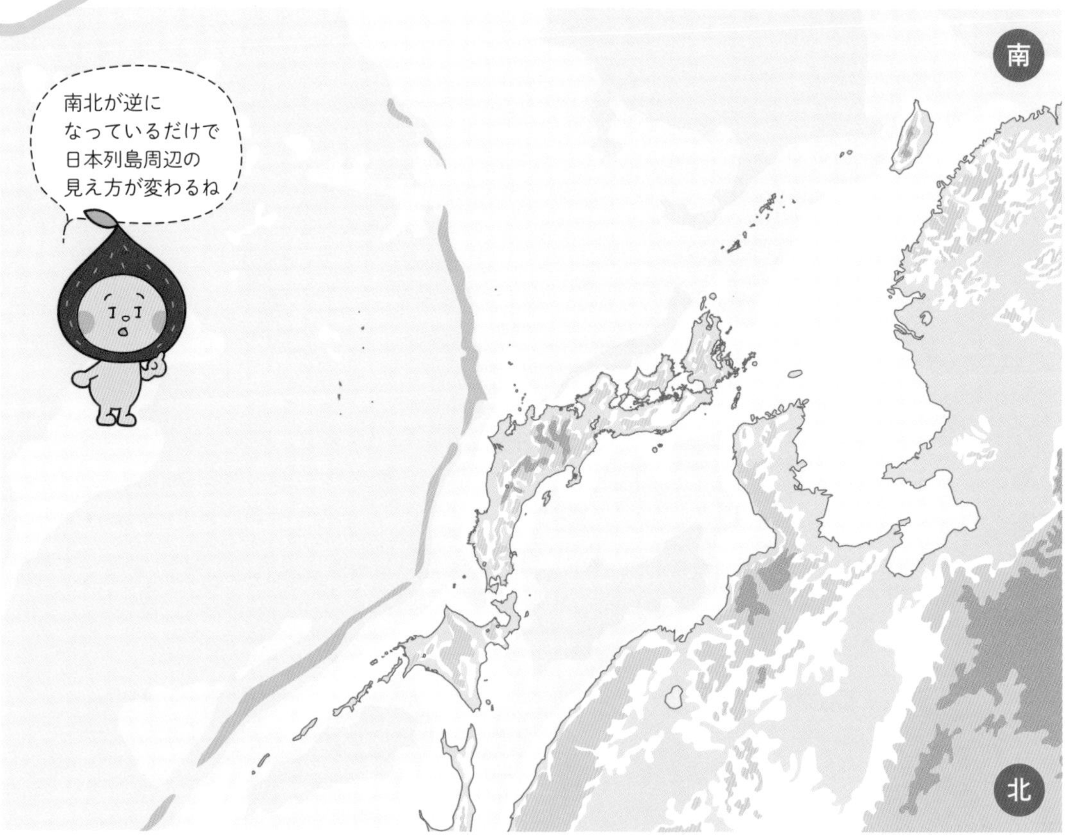
南
北
南北が逆に
なっているだけで
日本列島周辺の
見え方が変わるね

【図1】日本列島と周辺の地形図

1 日本海でのプレート境界の地震

【図1】は日本列島および周辺の地形図だが，読者の中にはどこの国のものかと戸惑った人もいるかもしれない。南北を逆にしただけだが，見方を変えただけで近隣諸国との関係などさまざまなことに気づくことができる。日本列島が海に囲まれていることも改めてわかり，日本と**SDGs14「海の豊かさを守ろう」**のつながりも感じられるだろう。

改めて地形図を見てみよう。左上から太平洋プレートが北米プレートやフィリピン海プレートに沈み込んでいることがわかる。青色で濃く示されている千島海溝や日本海溝の帯状の延びが，そのことを示している。海溝ほどではないが，図の上側（南）からは東海・近畿・四国地方の太平洋側にフィリピン海プレートが沈み込んでおり，南海トラフとなっている。この沈み込みは南西諸島へと続いている。

図の下側（北）に注目してみると，日本海は内海と呼んでもいいような印象を受ける。太平洋側のプレートのようなダイナミックな動きや沈み込みがないように見えるため，日本海では大きな津波は発生しないように感じられるのではないだろうか。

だが，1983（昭和58）年5月26日11時59分，男鹿半島の北西約70㎞でM7.7の地震が発生し，北海道から九州にかけての日本海沿岸で津波が観測され，被害は8道県の広い範囲に及んだ。この**日本海中部地震**によって，日本海側の津波発生のメカニズムの研究が注目されるようになった。地震は日本海東縁変動帯（地質学的な歪みの集中帯）の日本列島の乗る北米プレートと，日本海側のユーラシアプレートとの境界付近で発生しており，プレート境界型に近い地震発生様式である可能性が高いことがのちに明らかになっている。また，約1000年前にも同様の大地震が発生していた可能性が指摘された。

2 日本海中部地震の悲劇と教訓

日本海中部地震と津波による被害は，死者104名（100名は津波による），家屋の全半壊3,049棟のほか，船舶沈没・流失706隻などの大きなものになった。当時日本海側に大規模な津波は発生しないと思われていただけに，国内には衝撃が走った。特に男鹿半島へ遠足中の小学生13人が犠牲になったことは，学校の引率責任についての議論にもつながった。【写真1】は，亡くなった小学生の慰霊碑である。

【写真1】合川南小学校児童地震津波殉難の碑（男鹿市）

この津波被害によって，地震が発生した場合はテレビ・ラジオなどで津波情報がすぐに報道されるようになった。「この地震による津波の心配はありません」というアナウンスが生まれたきっかけである。地震発生日の5月26日は秋田県の「県民防災の日」となり，今も県内各地で大地震を想定した防災訓練がおこなわれている。**SDGs 4「質の高い教育をみんなに」**は，学校教育だけでなく地域や社会の啓発にも重要なゴールであることが伝わってくる。

3 その後も続く日本海側の大地震

日本海中部地震発生から10年後の1993（平成5）年に**北海道南西沖地震**が発生した。M7.8という巨大地震である。

震源に近かった奥尻島には，地震発生後約5分で津波が到達してしまった。そのため逃げ遅れた人が多く，死者・行方不明者は198人にのぼった（全体の死者・行方不明者は230人）。住宅家屋の全半壊は1,009棟で，その中には地震動による斜面崩壊で犠牲者20名を出したホテルも含まれる。津波と直後に発生した火災によって壊滅に近い状況になったまちもあった。空港や港湾が被害を受けたことで人の移動や支援物資等の運搬に支障をきたし，救援が遅れたことは離島での災害支援における大きな課題となった。

調べてみよう

災害後の秋田県や奥尻島は，防災・減災としてどのような対策を取ったのだろう。SDGs13.1の視点から調べてみよう。

1 海溝型地震と津波

解説

日本列島における巨大地震・津波発生のメカニズム

1 日本列島を取り巻く4枚のプレート

日本列島は世界でも有数の地震の多発地帯である。その大きな原因として，日本列島を取り巻く4枚のプレート❶同士の関係がある【図1】。

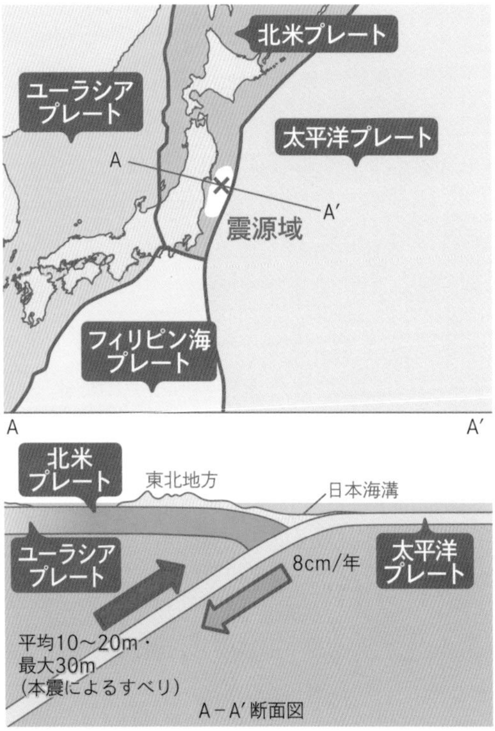

【図1】日本列島を囲むプレートと東日本大震災の震源域

【図1】の中に東日本大震災の震源域を示している。太平洋プレートが西側の北米プレートに沈み込んでいることがわかる。北西の千島海溝，西の日本海溝に沈み込む境界部分に地震が多い。太平洋プレートは北米プレートのような陸のプレートに潜り込んでいるだけでなく，フィリピン海プレートと呼ばれる海のプレートにも沈み込んでいる。

1-2（▶p.14）で出てきた南海トラフ型地震は，フィリピン海プレートが陸のプレートであるユーラシアプレートに沈み込むところで発生している。トラフとは，海溝ほどの深さはなく形が船底（トラフ）のような形をしている地形のこと。フィリピン海プレートとユーラシアプレートとの境界で発生する地震が，東海地震・東南海地震・南海地震（南海トラフ地震）となる。プレートは1枚の岩盤であるため，1か所破壊されると連続的に破壊され，巨大地震となることも多い。

2 プレート境界での地震発生メカニズム

フィリピン海プレートが南海トラフに沈み込んで地震が発生するメカニズムについては，太平洋プレートと北米プレートとの関係

❶地球の表面を覆っている，非常に硬い岩盤。十数枚あって厚さは約100km。

【写真１】北上川河口にあった小学校の被害状況（石巻市，2011）

とほぼ同じ理由と考えてよい。【図１】下の東北地方を断面で示した図から，フィリピン海プレートとユーラシアプレートの２つのプレートの関係を理解することができる。

つまり，東北地方で頻繁に地震が発生するのは海洋プレートが大陸プレートに沈み込むためであり，西日本も基本的には同じである。フィリピン海プレートがユーラシアプレートに沈み込む時に，陸側に蓄積されたひずみが開放され，地震が発生すると考えられている。【写真１】は海に面した学校を津波が直撃した３か月後の様子である。津波が屋上近くの高さまで迫り，校舎を貫いたことがわかる。

3 日本海側でのプレート境界の地震

日本列島近辺のプレート境界に生じた地震の状況を整理したものが【図２】だ。日本海中部地震〔1983〕や北海道南西沖地震〔1993〕が発生したのは，北米プレートとユーラシアプレートとの境界あたりである。

日本海側で津波をともなって発生した地震は，太平洋側の海溝型地震と発生メカニズムや発生頻度が大きく違っている。北米プレートとユーラシアプレートという東西方向にぶつかり合うプレートの境界は日本海東縁部だと考えられているが，これまで日本海で発生した地震の**震源断層**❷の深さは陸上の**活断層**❸の地震とほぼ同じであり，太平洋側のように海溝へプレートが沈み込む明らかな構造は形成されていない。

つまり，一方のプレートがもう一方のプレートに沈み込んで反発するのではなく，プレート境界は南北方向に分布する複数の断層や**褶曲帯**❹などの「歪み集中帯」によって形成され，幅をもった領域全体で圧縮力による

❷地震の発生源となった断層面のこと。

❸プレートの中で強度が低い場所。ここが壊れてずれる現象を「断層」活動といい，そのうち将来また動く可能性のあるものを活断層と呼ぶ。

❹地殻変動によって横方向に圧縮されて波形に曲がった地層のこと。

【写真2】**糸魚川－静岡構造線の境界**：左がユーラシアプレート，右が北米プレート。

歪みが解消されていると考えられている。【図2】からも読み取れるように，石川県沖から西方の日本海では地震によって生じた大きな津波は確認されていないのもプレートの状況から理解できる。

なお，日本列島を通るプレート境界（▶p.18【図1】）が**糸魚川－静岡構造線**【写真2】と考えられている。

④ 日本海側での地震発生メカニズム

日本海側での地震観測や史料には，同じ震源域で発生した地震は確認されていない。何より日本海側のプレートの相互作用によると考えられる地震は，太平洋側に比べ発生頻度や事例が少なく，科学的知見も少ない。

太平洋側とは地震が発生するメカニズムが異なっていることから，東日本大震災をはじめとする太平洋側の地震結果にもとづく防災や減災手法を，日本海側へ適用することは難しいといえるだろう。

【図2】海溝型地震発生の可能性

⑤ 津波の発生

海溝周辺のプレート境界で地震が発生すると，津波が生じることが多い。海底で引きずり込まれた地盤が反発したり，破壊されたりすると，その分海水が動いて津波を生み出すからだ【図3】。

エスカレーターの
ように沈み込む
だけではないんだね。

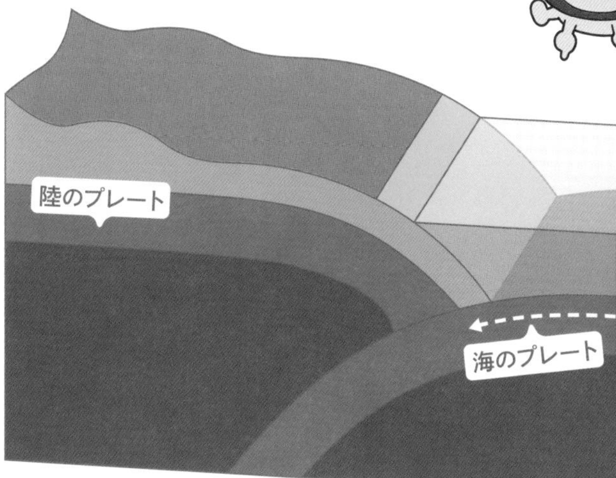

【図３】海溝型地震のしくみ

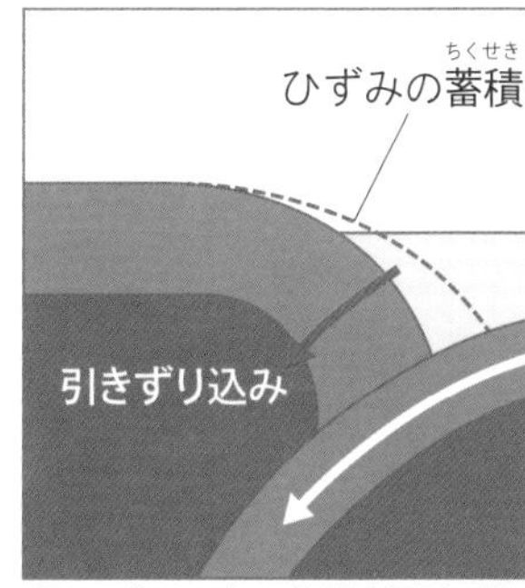

陸のプレートの先端が引きずり込まれ，ひずみが蓄積する。

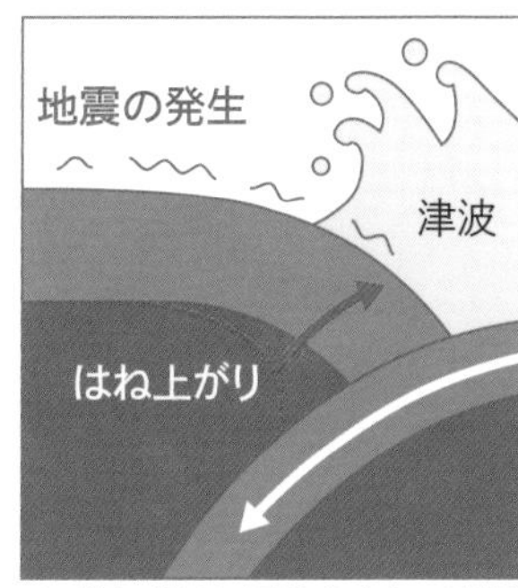

ひずみが元に戻ろうとして地震が発生。津波を伴う場合もある。

津波は深海から沿岸部に向かってだんだん高くなり，陸地に到達した後は，湾や河川のような狭いところにエネルギーが集中して水面が上昇し，河川流域にも甚大な被害をもたらす。堤防を壊したりこえたりするだけでなく，**橋梁**を破壊したり流したりする。通常河川は陸側から海側に流れるが，津波では海側から陸側に逆流することが見られる。これを**遡上**という。集中豪雨などによって河川の水量が増えたり流れが早くなったりすることがある日本では，橋梁はきちんと設計されており，流されることは滅多にない。ところが東日本大震災では，遡上する津波によって橋梁が上流側に流された例があった。

こうした津波被害を見ると，東京や大阪のような**沖積平野**に立地する都市部が，実は津波や高潮に襲われやすいのも理解できるだろう。**SDGs１１「住み続けられるまちづくりを」**の重要性が痛感される。東日本大震災後，低地である沿岸部には【写真３】のような**避難丘**が設けられた。

【写真３】避難丘

確認してみよう

自分の住む地域にある避難施設はどこだろう。

1 想定困難な活断層型地震

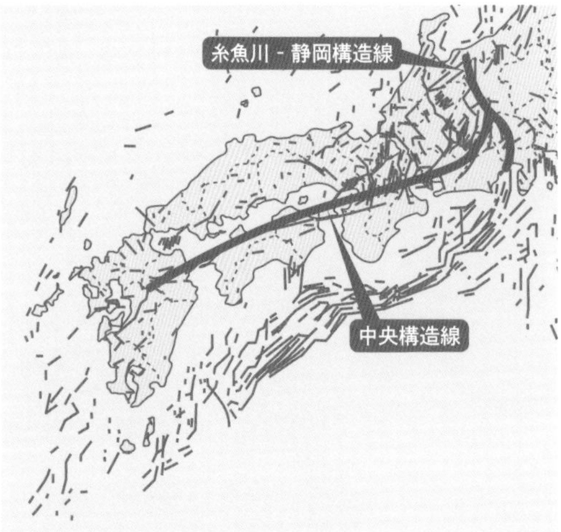

【図１】西日本と周辺海域の活断層

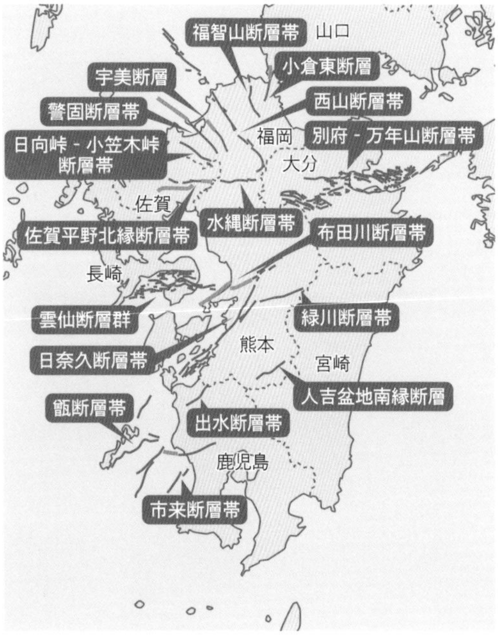

【図２】九州の活断層

❶ 全国で生じる可能性のある活断層型地震

日本列島ではいつどこで地震が発生しても不思議ではないといわれる。全国いたるところに**活断層**が存在しているからだ。**SDGs 9「産業と技術革新の基盤をつくろう」**のゴール実現のためにも国などによる調査がおこなわれ，活断層がある場所はかなり把握できるようになっている。しかし，いつ動いたり，周辺に影響をおよぼしたりするかは不明であり，活断層型地震の発生時期は予測できない。

【図１】は西日本およびその周辺海域の活断層を示したものだ。活断層の働きが日本列島の凹凸をつくっていることがよくわかるだろう。プレート境界（▶p.18）にも活断層は多いことが見て取れるはずだ。

❷ 地震発生と活断層帯

西日本の活断層の分布を見てみよう。まず気づくのは中部地方，近畿，四国，そして九州まで東西に延びる**中央構造線**❶沿いの活断層である。次に中部地方をほぼ南北に走る**糸魚川－静岡構造線**（▶p.29【写真１】）沿いの活断層も読み取れる。これらの陸地内部に存在する活断層もプレートの動きと関連する。例えば，フィリピン海プレートが南海トラフに

❶西日本の地質構造を北側（内帯）と南側（外帯）に分け，九州東部から関東まで横断する日本最大の活断層。中央構造線に沿って複数の時期に異なる動きの断層運動が生じた。

沈み込む時，日本列島が乗っているユーラシアプレートに大きな力がかけられることで，西日本に多くの活断層が形成されるようになった。

2016（平成28）年の熊本地震では，震度7の地震が同一地域で2日連続して発生した。震度7というレベルが設定された1949年以降初めてのことだった。日奈久断層と布田川断層の2つの活断層が連動したためだと考えられており，甚大な被害（関連死を入れると犠牲者数は273名）をもたらした。

【図3】日奈久断層と布田川断層

近畿地方では，多くの地震が古い文献に登場する。これは，京都・奈良が当時政治の中心地であったために記録される機会が多かっただけでなく，実際の発生頻度も高かったことが考えられる。近年に発生した地震と活断層の分布との関係に注目する必要があるだろう。

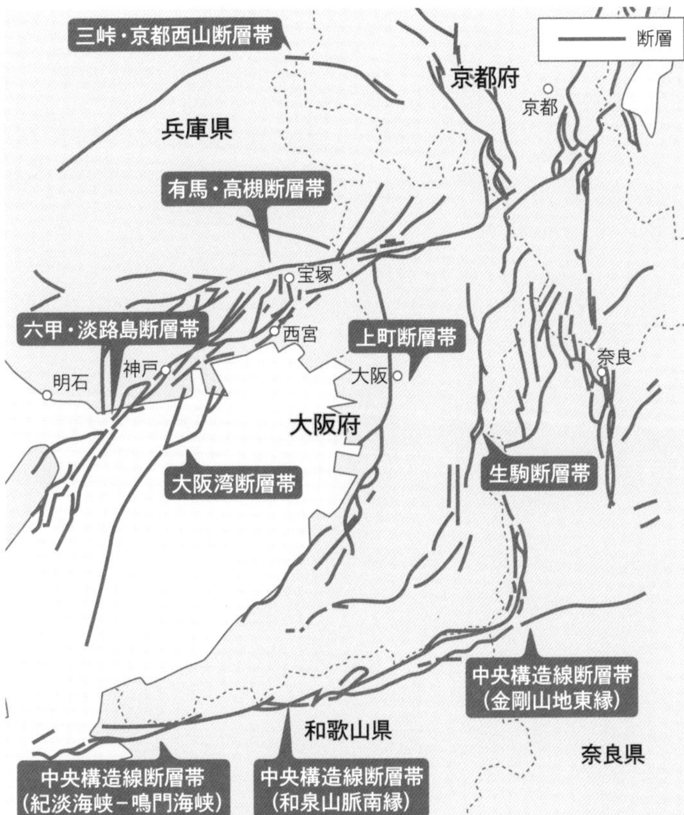

大都市周辺にも
こんなにたくさんの
活断層があるのか

【図4】近畿の活断層

調べてみよう

活断層について3つの観点から調べてみよう

国土地理院の
サイトが参考
になります

❶自分の住む地域にどのような活断層があるか。
❷活断層と関係した地震が過去に発生しているかどうか。
❸ハザードマップでは活断層がどのように示されているか，
　地震が発生した場合の影響についてはどのように分析されているか。

2 阪神淡路大震災と活断層

【写真1】倒壊した阪神高速道路（神戸市，1995）

【写真2】倒壊した家屋（神戸市，1995）

635mにわたって17基の橋脚が倒れた地区もあったそうです

1 近代都市を襲った阪神淡路大震災

1995（平成7）年1月17日早朝に発生した兵庫県南部地震は，近代都市神戸を襲い，6,434人という多大な犠牲者が生じた。これは，**内陸型活断層**による地震の被害としては戦後最大であった。震源地は淡路島北部，震源の深さは約14kmで，地震の規模はM7.3と推定されている。阪神高速道路が転倒したり【写真1】，新幹線の高架や近代的なビルが倒壊したりするなど，大都会の被災状況は国内外に強い衝撃を与えた。

のちに気象庁によって**「阪神淡路大震災」**と命名されたこの地震では，7,000棟近い建物が焼失した。上水道が地震によって壊れて断水したため消火活動に支障をきたし，火災の被害が拡大した。木造住宅が密集していたことも，大火災の要因の一つだった。

【図1】を見るとわかるように，神戸は近畿地方でも活断層が多い地域であり，海岸から比較的近く夜景で有名な六甲山地などは，逆断層によって生まれた景観である（▶p.31）。

2 震災の帯

阪神淡路大震災では，震源地周辺より大きな地震の被害が生じた特定の帯状の場所「**震災の帯**」が注目された【図2】。この震災の帯は，活断層とは別の分布を示し，現在では沖積平野の地盤の弱さや，六甲山地からの**地震波**[1]の重なりなどが原因とされる。

[1]地震の時に岩盤がずれ動くことによって地中に振動が生じ，周囲に波として伝わっていくことをいう。

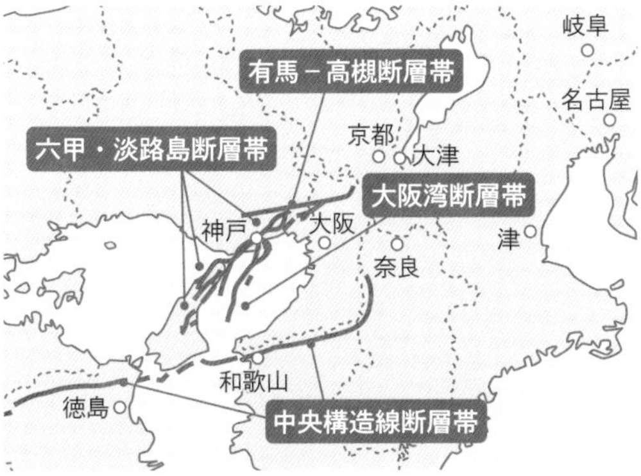

【図１】神戸周辺の活断層

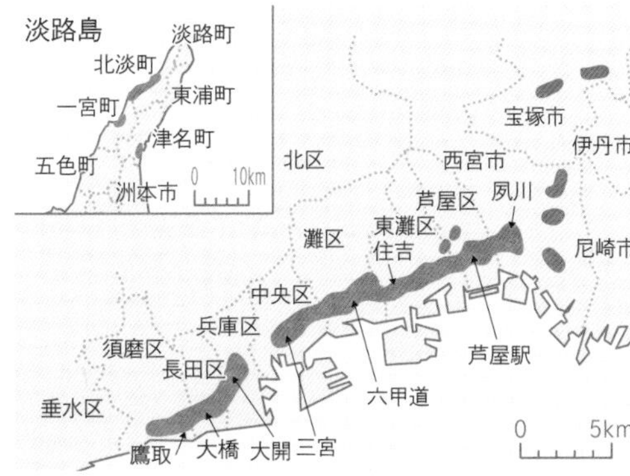

【図２】震災の帯（震度７〔当時〕の分布）

3 ボランティア元年

家屋が全壊・半壊した住民は，学校をはじめとする公共機関の建物に避難した。こうして生まれた「**避難所**」の存在が大きくクローズアップされたのは，この地震からだった。

1995年は「ボランティア元年」ともいわれる。阪神淡路大震災のボランティア活動に参加した人は，１日平均２万人，３か月間で延べ117万人ともいわれている。甚大な被害の状況はもちろん，学校や公園などで避難生活を送る被災者の様子が連日大きく報道されたこともあり，被災地でのボランティア活動の重要度に対する認識は，関西だけでなく全国的に高まった。被災地では多くの学校が臨時の避難所となり，休校を余儀なくされた。ボランティアはそうした公共施設への食料・飲料水の配給をするだけでなく，行政の目が届きにくい公園などに避難している被災者にも食料などの配布をおこなった。ボランティア活動をおこなう以外にも，被災負傷者のための献血・義援金拠出・物資提供などの後方支援に携わった人々も多かった。

4 「共助」の大切さ

災害が起きた場合に命を守る行動として「自助」「共助」「公助」という言葉が使われるようになった。発災直後は，まずは自分のことは自分で守るという「自助」の姿勢が必要だろう。阪神淡路大震災では，近所の住民によって倒壊した家屋から助けられた人も多く，これは日常のつながりによる「共助」そのもので，地域コミュニティーによる救助活動の重要性を示している。大規模災害では「公助」がなければ多くの人を迅速に助けることが難しい。

阪神淡路大震災が発生した当時，自衛隊は都道府県知事の要請がなければ災害救助に出動することができなかった。この教訓を経て，現在では災害発生時には自衛隊への派遣要請は都道府県知事だけでなく，市町村長または警察署長などからもおこなえるように制度が改められた。

調べてみよう

SDGs 3「すべての人に健康と福祉を」，SDGs 5「ジェンダー平等を実現しよう」の観点からみて，阪神淡路大震災では避難所でどのような配慮があったのだろう。

2

活断層型地震

3 地震が地域に与えた影響

1 日本海側の地震発生メカニズム

2004（平成16）年10月に発生した**新潟県中越地震**の発生により，日本海側でも内陸型活断層によって大地震が発生することが改めてわかった。最大震度7を観測し，中山間部を中心に死者68名，全壊家屋3,175棟，半壊家屋13,810棟の甚大な被害を生じた。集落によっては道路が寸断されて取り残されたり，土砂災害で川がせき止められて水没したりしたほか，走行中の上越新幹線の脱線など，交通網やライフラインにも多くの被害が生じた【写真1】。こうした地域での**SDGs9「産業と技術革新の基盤をつくろう」**と関連した防災・復興への取り組みを考えるために，日本海側での地震の発生について，そのメカニズムから振り返っていこう。

太平洋プレートとフィリピン海プレートはそれぞれ西や北西へ移動し，日本海溝・南海トラフに沈み込んでいる。日本海側でも北米プレートが日本列島に向かって移動するような力が働いている。そのため東北地方付近の日本海側に圧縮によるひずみが集中して，内陸型の地震が多発していると考えられている【図1】。

【図1】日本海側で内陸型の地震が起きるしくみ

2 頻発する新潟県の地震

青森県から新潟県にかけての日本海側は中越地震以外にも，新潟県では1961（昭和36）年に長岡地震，1964（昭和39）年に新潟地震，1995（平成7）年に新潟県北部地震，2007（平成19）年に新潟県中越沖地震と多くの地震が発生している。さらにさかのぼって江戸時代を見ても，死者が1,000名を超えるような地震が3度発生している。

1964年の新潟地震（死者26名，住家全壊1,960棟，半壊6,640棟，浸水15,297棟）では，新潟市などの低湿地帯で「**液状化現象**❶」が見られ，鉄筋コンクリート4階建のアパートが傾いて倒れるといった建物への被害が世界の注

❶地震の揺れによって地盤が液体状になること。道路や建物が沈んだり傾いたり，水道管が浮き上がって断水するなど，人々の生活に大きな影響をおよぼす。

❷地元では地震の規模や影響の大きさから「阪神淡路大震災」と同じように「中越大震災」と呼ぶ。

❸震源の真上の地表の地点。

目を集めた。

また，信濃川を津波が遡上したほか，阿賀野川で発生した新潟水俣病を被告側の企業が新潟地震による川沿いの倉庫崩壊によるものと弁解したため，日本初の**公害訴訟**が起きたりするなど，この地震は直接的な被害以外にも地域にさまざまな影響を与えた。**SDGs 3.9「2030年までに，有害な化学物質や，大気・水・土壌の汚染が原因で起こる死亡や病気を大きく減らす。」**の視点と関連させて考えてみよう。

【写真１】歪んだ上越線の線路（2004）

3 中越地震を記憶に留めるために

2004年の中越地震[2]における復興のプロセスを語りつぐために，被災市町では連携して「中越メモリアル回廊」を設置した。この取り組みは，中越地震の重要な地域や場所をメモリアル拠点として結びつけ，中越地域を地震情報の保管庫とする試みとされている。地域の人たちはその一つとして中越地震の震央[3]に柱を建てた（実際の震央は田んぼの中である）。

その後2007年に発生した「**新潟県中越沖地震**」も含めた「中越メモリアル回廊・中越沖地震メモリアル」が新たに整備された。共通するのは，施設やスペースを再利用して開設していることと，災害の記録と記憶や復興の経験を後世に伝えるだけでなく，地域に新しい価値とにぎわいを創出することを意図していることだ。これは**SDGs9**のねらいと一致しているといえるだろう。

【写真２】山古志小籠里見庵（長岡市）

【写真３】震央メモリアルパークの標柱（長岡市）

話しあってみよう

中越メモリアル回廊には，地域ごとに複数の施設がある。インターネットで検索して各地域の災害状況を調べ，それぞれの復興への想いについて感じたことを話しあってみよう。

解説

活断層型地震発生のメカニズム

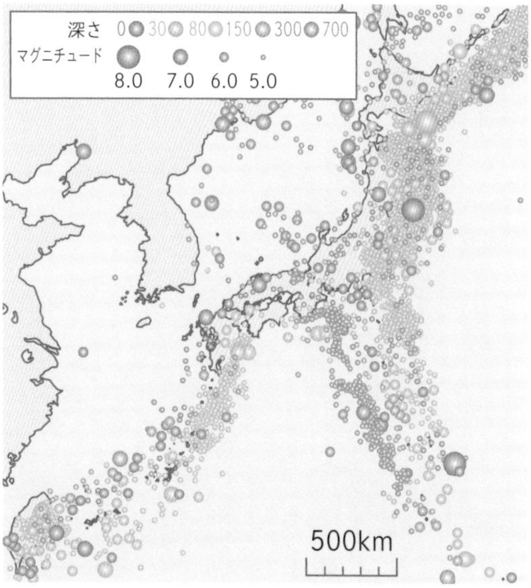

【図1】日本付近で発生した地震の分布図（1960～2011）

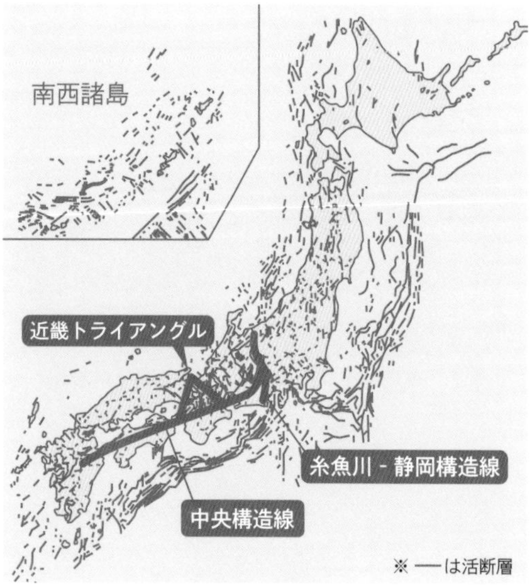

【図2】日本列島の活断層

1 プレート境界に発生する地震

これまで日本列島で発生する地震を，4枚のプレートの位置的な関係から紹介してきた。しかし，プレートの沈み込みの深さやその角度の違いなど，**鉛直方向**❶の動きも地震の発生状況や火山活動（▶第3巻）に大きな影響を与える。【図1】は近年の日本および周辺での地震発生状況だ。東日本では，太平洋プレートが西側および北西側の北米プレートに沈み込む日本海溝や千島海溝に地震が多発していることが読み取れる。太平洋プレートはフィリピン海プレートにも沈み込むが，浅いところに発生する地震（図中の●●）と平行して深いところにも地震が生じている（図中の●）ことが円の色の違いによってわかる。浅いところと深いところで発生する地震の震源の距離が短いことから，太平洋プレートは急角度でフィリピン海プレートに沈み込んでいると推定される。

フィリピン海プレートは南西諸島の方向にも沈み込み，多発する地震の原因となっている。プレートが沈み込む境界を見ると，北西方向に頻発する地震の分布に比べて，北側の四国・中国地方（特に瀬戸内海側）では地震が少なく，フィリピン海プレートの沈み込みが方向によって異なっていることが考えられる。

日本海の東縁部においても南北に地震の分

❶重りを糸で吊り下げたときの糸が示す方向。重力の方向。

【写真１】空からみた糸魚川 - 静岡構造線

布が見られる。これは北米プレートとユーラシアプレートとの関係によって生じており，太平洋側とは異なったメカニズムであることは述べた通りだ(▶p.18)。

日本列島の活断層の分布を見ると【図２】，プレート境界にも多数の断層が存在している。これらの巨大な活断層が，プレート型の大規模な地震と関係していることが理解できる。

❷ 列島内の活断層と地震

列島内にも多数の活断層が存在していることがわかる。ただ，活断層の分布は一様ではない。列島内の大規模な活断層を見てみよう。まず，中部地方から近畿，四国，九州にかけての**中央構造線**(▶p.22)沿いに活断層が存在することに気づくだろう。現在では中央構造線そのものが動く可能性は低いが，その周辺の活断層はいつ動くか不明である。

次に，列島内の巨大な断層帯として，**糸魚川－静岡構造線**沿いの活断層があげられる。北米プレートとユーラシアプレートの境界が，日本海東縁部を経て列島内で延長されているのが糸魚川－静岡構造線と考えられている。糸魚川－静岡構造線は**フォッサマグナ**❷の西縁であり，その西側には日本アルプスの山々が連なっている。**活断層の動きと壮大な景観**は無関係ではない(▶p.36【写真１】)。

近畿地方も多くの活断層と多数の地震の分布が読み取れる。日本海側の若狭湾三方五湖から，琵琶湖の西側を走る花折断層，有馬・高槻活断層帯，六甲・淡路島断層帯と，つながっているとも見える活断層の帯が，**近畿トライアングル**の一辺となっている(▶p.24)。阪神淡路大震災はこうした地域で発生した。

❷日本列島がアジア大陸から離れる時にできた大地の裂け目と考えられている。ラテン語で「大きな溝」を意味し，ナウマン象を発見したドイツ人地質学者のナウマン博士が命名した。

もう一度【図1】の日本海側に目を転じると，新潟県，鳥取県，そして福岡県の内陸側にも地震が頻発していることがわかる。【図2】から必ずしも大規模な活断層が見られるわけではないが，地震のマグニチュードの大小がそのまま地震による被害につながるわけではない。マグニチュードが大きくても震源が深ければ大きな揺れとはならない。逆にマグニチュードが小さくても震源が浅ければ揺れが大きくなり，地表面に甚大な被害を生じさせるのだ。

3 プレートの動きに起因する活断層

日本列島にはプレート境界以外の場所，つまり陸地の中などにも多数の活断層が分布し，震源が浅い場所では大規模な揺れが生じる。【図2】の中の活断層の分布は，【図3】に示したように沈み込むプレート内の地震，プレート境界の地震，さらには陸域の浅い地震を引き起こすことを示している。

改めて整理すると，プレート境界の地震と海洋側のプレート内の地震がいわゆる**海溝型地震**，そして陸域の浅い地震が**活断層型地震**である。この２つの地震は別のメカニズムで発生しているのではなく，関連しあっている。

4 日本列島のさまざまな断層

陸域内の浅い地震を引き起こす活断層と海洋のプレートの関係を考えてみよう。【図3】で示したような海のプレートが陸のプレートに沈み込む時，陸のプレートを押すことになって内陸に断層が生じる。垂直の動きから断層を見ると，断層には圧縮する力によって

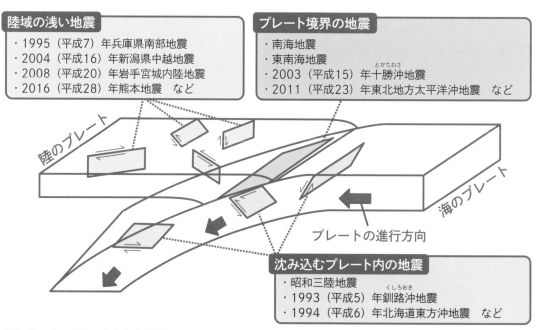

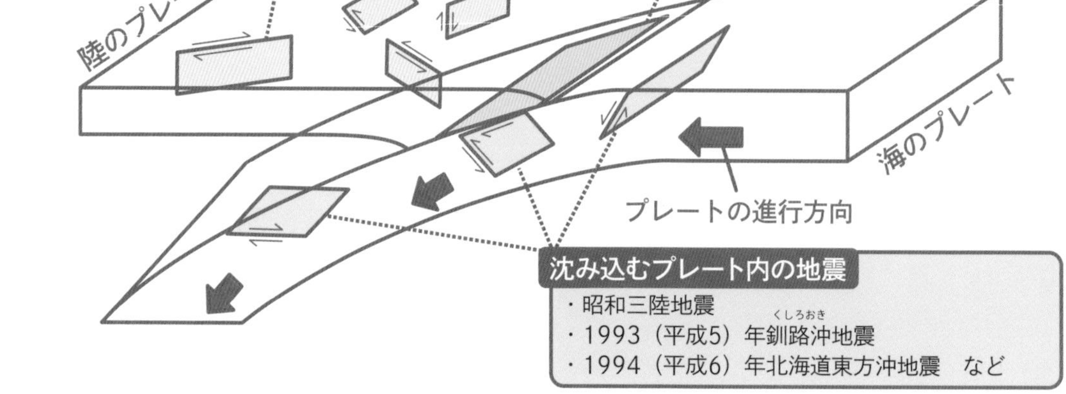

【図3】日本で発生したおもな地震の種類

生じる**逆断層**（断層面を境にして上の地盤が上がり，下の地盤が下がる）と，引張の力によって生じる**正断層**（逆断層とは反対に上の地盤が下がり，下の地盤が上がる）がある。日本列島では，海のプレートによって圧縮の力が生じるため，結果として逆断層が多く生じるようになる。

断層によって地盤がずれるが，垂直方面だけのずれとは限らない。水平方向のずれとしては「**横ずれ断層**」が生じ，【図4】のように断層面から向かいの地盤が右側に動くのを「右横ずれ断層」，逆に左側にずれるのを「左横ずれ断層」と呼ぶ。実際に見られる断層で

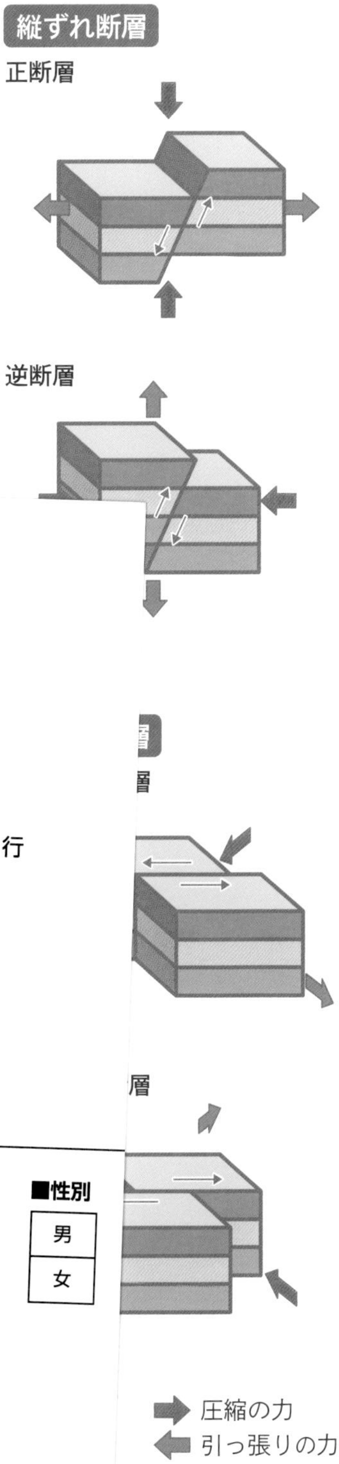

まざまな断層のずれ

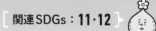

1 福井地震—フェニックスタウンから新時代へ

1 戦後最大の日本海側の地震被害

1948(昭和23)年6月に発生したM7.1の**福井地震**は，死者・行方不明者3,769名，建物の全壊34,000棟を超えるなど，長らく戦後最大の被害を生じた地震だった。その後にこれ以上の犠牲者が出たのは阪神淡路大震災［1995］と東日本大震災［2011］だけである。

震央は福井市内で，被害が集中的に発生する**都市直下型地震**であり，地震直後から火災が多発，福井市の2,407棟を含む4,100棟以上が焼失した。沖積平野における地震動の被害の大きさがわかる。この地震によって，震度7（激震）が創設された。

2 震災の爪痕

これだけの大地震だが，現在も地震発生当時の建物が残っている場所がある。【写真1】はその1つだ。【写真2】は福井城の石垣である。地震の影響で石垣が波打っているのがわかる。ここに天守閣を新たに建てるとすれ

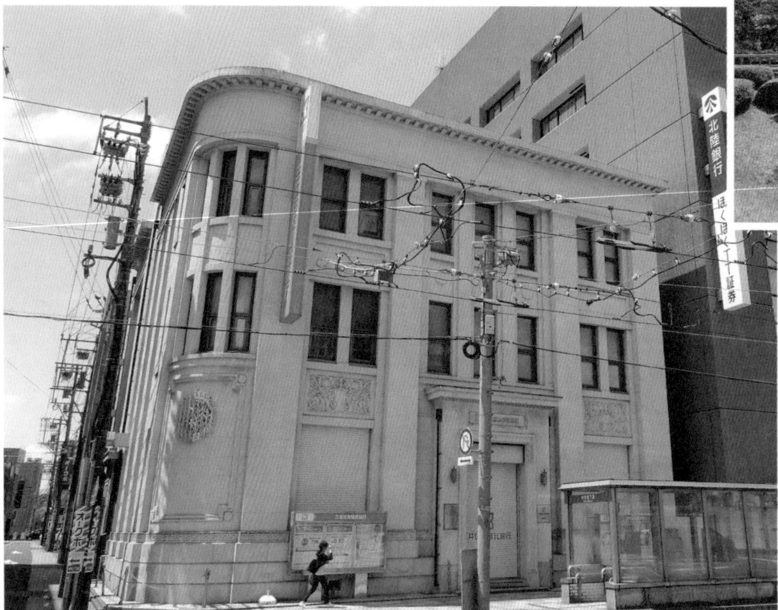

【写真1】酒伊ビル：修復され現在は銀行になっている。

【写真2】福井城の石垣

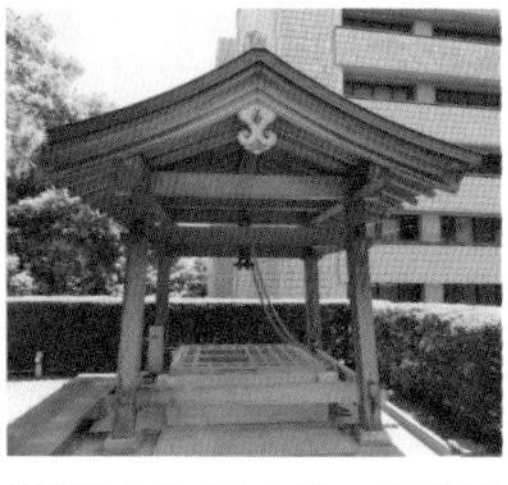

【写真3】福の井：福井城築城当時からあったとされる。

【写真4】福井駅前

【写真5】震災記念碑
（福井市）

ば，石垣の組み直しから始めなくてはならないだろう。現在は城門が復元されているほか，「福井」の地名の元となったともいわれる井戸「福の井」【写真3】が保存されている。

3 フェニックスタウンへ

福井市は福井地震からさかのぼること3年前，第二次世界大戦末期の1945年7月に，アメリカ軍の爆撃機B-29編隊による集中爆撃によって，壊滅的な被害を受けている。死者1,684名，被災者85,603名，焼失家屋2万戸以上に上る甚大な被害であった。

しかし福井市は，この戦災と震災から立ち直り，見事な復興を遂げた。福井地震の翌月には豪雨水害も発生したが，繰り返す自然災害を受けても，まるで不死鳥＝フェニックスのようにまちはよみがえった。そのことから，市内には「フェニックス通り」と名付けられた道路がある。福井市の中心市街地を縦貫する通りである旧国道8号のうち，福井市内の区間がそれにあたる。道路だけでなく，「フェニックススタジアム」と呼ばれる野球場や「フェニックスプラザ」という文化・福祉複合施設など，福井市内には「フェニックス」という名がいたるところで見られる。

2023年現在，北陸新幹線は金沢から福井までの延伸工事が進んでおり，福井市は東京・大阪を日本海側から結ぶ一つの拠点となることが期待されている。

福井市の取り組みは，**SDGs11「住み続けられるまちづくりを」**だけでなく，**SDGs12.8「2030年までに，人々があらゆる場所で，持続可能な開発や，自然と調和した暮らし方に関する情報と意識をもつようにする。」**の点からも重要である。

調べてみよう

物理学者・寺田寅彦は，「日本人を日本人にしたのは，文部省でも学校でもなく，災難教育*であったかもしれない。」と述べている。福井市のように，戦争被害や自然災害から立ち直った都市を調べてみよう。

*現在の防災・減災，復興教育のこと。

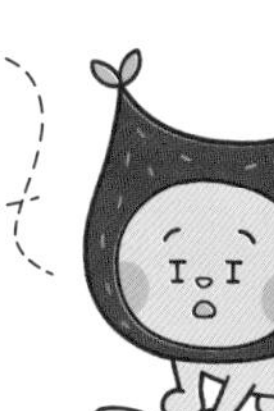

地震以外の災害にも
目を向けてみよう

2 兵庫県北但馬地震——城崎温泉の復興

1 城崎温泉と文学

兵庫県の「城崎」は，温泉地として有名なだけでなく，さまざまな文学作品に登場するまちである。カニのおいしいまちでもあり，人によって想起するイメージは異なるだろう。近隣の玄武洞（▶p.35）やコウノトリの郷公園なども含めて関西圏を代表的する観光地であり，訪問者も多い。【写真１】は城崎温泉駅前の様子だが，情緒の中にもユニークさがあふれる。温泉は720（養老３）年に道智上人によってひらかれたという伝説が残っており，開湯1300年という長い歴史をもつ。

2 北但馬地震の影響

城崎温泉は長い歴史の間ずっと何事もなく平穏無事だったわけではない。1925（大正14）年５月23日に発生した円山川河口付近を震源とする**北但馬地震**（北但地震）は，城崎温泉を含めたこの地域全体に壊滅的な被害を与えた。

地震の規模は当時の最大震度階級６であり，犠牲者428名，倒壊家屋1,295棟と大きな被害が生じている。温泉街は翌24日未明まで燃え続け，ほとんどの温泉旅館が倒壊・消失した。【写真２】は現在の駅の待合室に掲示されている，地震直後の様子である。

3 復興と災害に強いまちづくり

大きなダメージを受けた城崎の温泉街は，周囲の協力を得ながら自ら立ち直ろうとした。以前と同じまちに復旧するだけではなく，訪問客を以前よりも増やすような復興を

【写真１】城崎温泉駅前

【写真２】北但馬地震の被害を伝えるパネル

❶天の東西南北を司る「四神」にふさわしい地理的景観のこと。東アジア地域に見られる考え方で，日本では東（青龍）に流水，西（白虎）に大道，南（朱雀）に窪地，北（玄武）に丘陵がある土地を指す。

志賀直哉『城崎にて』の舞台になっています。

【写真3】温泉街を流れる大谿川と柳並木

【写真4】玄武岩でつくられた護岸

考え，地震や火災に強いまちづくりを行ったのである。その1つが道路の整備だ【写真3】。緊急時における消防車の取水や通行などを想定し，道路わきの旅館や持ち主の理解と協力を得て道幅を拡張した。さらに，まちの中心を流れる城崎のシンボルとも言える河川の護岸も頑丈にした。それもコンクリートなどによってではなく，地元産出の岩石である玄武岩を用いての補強がおこなわれた。城崎の南側に「玄武洞」と呼ばれる名勝地があり，玄武岩が採掘されていたが，北但馬地震で玄武洞も崩壊した。この崩壊した玄武岩を円山川沿いに下流の城崎に運び，護岸に活用したのである。

震災の教訓を活かした**SDGs11「住み続けられるまちづくりを」**の取り組みの典型例といえるだろう。

名前の由来がおもしろい！

ポイント　玄武岩と玄武洞

「玄武岩」という岩石名を，火山岩（火成岩）の一種として聞いたことがある人もいるだろう。実はこの岩石の名前は，城崎にある「玄武洞」から名づけられた。玄武とは古代中国の架空の生き物のことだ❶。マグマが急冷することで生み出される玄武岩は，冷却プロセスの中で収縮によって柱状節理（▶第2巻p.43）と呼ばれる美しい六角柱の形態をとる。玄武洞は国の天然記念物に指定され，一帯は国立公園に指定されている。

玄武洞（豊岡市）

青龍洞（豊岡市）

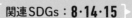

3 岩手県・宮城県 ―震災とジオパーク

1 ジオパークとは

地球内部のエネルギーによる地殻変動は地震などの災害をもたらすが，地表の景観を形成している**営力**でもある。日本各地にある**国立公園**や**国定公園**といった自然景観の豊かな公園をはじめ，ユネスコが認定している**世界遺産**（自然）❶や**世界ジオパーク**も，この地殻変動のダイナミクスによるものだ。

ジオパークとは英語のGeo（土地の・地球の）とPark（公園）からつくられた造語なので，日本では直訳して「大地の公園」と呼ばれたこともあったが，現在ではジオパークの言葉が一般的に使われている。「地質・地形から地球の過去を知り，未来を考えて，活動する場所」（日本ジオパークネットワーク）であり，認定された地域の自然保全・保護はもちろん，教育・啓発，さらには**ジオツーリズム**と呼ばれる観光を通じた持続可能な開発による地域振興をねらいとしている。**SDGs8.9**「**2030年までに，地方の文化や産品を広め，働く場所をつくり出す持続可能な観光業を，政策をつくり，実施していく。**」というターゲット要素を含んでいるのがジオパークといえるだろう。

2 ジオパークで災害と恩恵を学ぶ

自然景観の形成にはその地域特有の気候・気象条件が影響し，土地を形成する地質や岩石にさまざまな力が働いて地形がつくられる。植物，動物などの植生や生態系もそれを反映し，つくられた地域環境に応じた人間活動が展開され，人々の営みが続いていく。

狭く見える日本列島だが，山岳地帯の景観をはじめ，海岸線や島々にも自然の躍動が感じられる。これらの地形はプレート同士の衝突によって隆起したり，活断層によって上昇・下降したりしてできた場合もある。たとえば「伊豆世界ジオパーク」の景観は，フィリピン海プレートに乗った伊豆半島の本州への衝突によって形成された。

つまり，自然の営力は時として災害となって人間に襲いかかる反面，すばらしい自然景観を生み出し，観光地として地域を発展させることにもつながる**二面性**があるといえる。ジオパークを楽しむことは，こうした自然に秘められたダイナミクスを理解することによって防災にもつながるのだ。

3 東日本大震災とジオパーク

東日本大震災発生後，東北の太平洋側一帯

❶世界遺産条約にもとづきリストに登録された文化遺産および自然遺産。

【写真1】浄土ヶ浜（宮古市）

【写真2】三王岩（宮古市）

が「三陸ジオパーク」として認定された。青森県から宮城県まで，その海岸線は約300kmにも及び，面積的にも日本で最大のジオパークである。

三陸沿岸部は繰り返し甚大な津波災害を受けてきた地域でもある。ジオパークを構成するエリアの１つである岩手県宮古市をみると，海岸線の景観が美しい浄土ヶ浜や三王岩といった名勝地【写真1,2】だけでなく，田老地区の**防潮堤**や，「たろう観光ホテル」などの東日本大震災の**遺構**（▶p.13）もパーク内に含まれている。過去の津波で運ばれた津波石や津波記念碑もあり，災害と向き合ってきた人々の生活が理解できるだろう。

④ 地殻変動による自然景観

地震のような大規模な地殻変動によって，地形が大きく変わる場合がある。2008（平成20）年6月14日に岩手県内陸南部でM7.2（最大震度6強）の地震が発生し，犠牲者18名，建物全壊28棟，半壊141棟という被害が生じた。**岩手宮城内陸地震**である。大規模な地すべりや山腹崩壊が発生し，甚大な被害をもたらした。

しかし，このような斜面変動の累積が，宮城・秋田・岩手の三県にまたがる栗駒山麓の自然環境をつくっているというのもまた事実だ。栗駒山は国定公園内にある名山で，花の山としても知られており，一帯は「栗駒山麓ジオパーク」として認定されている。**SDGs14「海の豊かさを守ろう」**，**SDGs15「陸の豊かさも守ろう」**と関連させて，地震とジオパークについて考えてみよう。

調べてみよう

日本で認定されているジオパークについて，どんな地殻変動が景観を生み出したのかという成り立ちや，自然災害は起きたのかどうか，その災害からどうやって地域が復興してきたのかなどを調べてみよう。

ジオパークは
第2巻でもくわしく
説明しています。

コラム

災害を語り継ぐ
―安政南海地震の石碑と「稲むらの火」

江戸時代後期の嘉永7年11月5日（1854年12月24日）に発生した安政南海地震は，西日本の沿岸部に大きな被害を与えた。同規模の地震や津波が現代で生じたらどうなるだろう。南海トラフ地震（▶p.18）が深夜に発生するというシミュレーションによると，死者32万人という数字がはじき出されている。

しかし，この地震については過去に被害の大きかった大阪でもあまり知られていない。地震後に建てられた石碑【写真1】には「津波が山のように…(略) 避難の際は決して船に乗るべからず」と記されている。要約すると「かつて同じような地震があった時にも船に避難した人が大勢死んだのに，今回も同じように船で避難して津波で350人が死んだ。先祖からの言い伝えを活かせず悔しい思いをしているから，同じような地震がまたきたら，決して船で逃げようと思うな」という内容である。人々が乗った船は遡上した津波によって陸地に押し上げられ，最高三段まで重なった船があったとも記されている。別の記録によれば，惨状を見学するために弁当を持って出かけた人がいたほどの被害だったようだ。

石碑の最後には「毎年墨を入れよ」と書かれており，彫った文字に墨を足す作業を行うことで被害を語り継ぐようにうながされているが，当時いくつかあった安政南海地震の石碑で残っているものは少ない。

なぜ，災害は語り伝えられることなく忘れられてしまうのだろう。ひとつには，被害に遭った人々がそのつらさから話題にすることを避け，そのうち人々の記憶から消えていってしまうという面があるだろう。現代においても，大きな災害に遭った人はその経験を他人に話すことをためらう。だからこそ，記憶を記録し，風化させずに伝えていくことが，防災教育の大きな役割ともいえる。

戦前の国定教科書には「稲むらの火」という安政南海地震にもとづく物語が掲載されていた（▶次ページ）。津波を知らせるために収穫したばかりの稲の束（稲むら）に火をつけ，村人を救った江戸時代の避難誘導は，安政南海地震における紀伊国有田郡広村（現在の和歌山県有田郡広川町）でのできごとを題材としており，庄屋「五兵衛」のモデルは実業家・政治家の濱口梧陵［1820-1885］である。広川町では「稲むらの火祭り」を催すなど，津波の教訓を伝える活動が続けられている。

【写真1】大地震両川口津浪記（大阪市）

稲むらの火

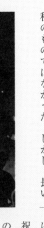

「これは、ただごとでない。」
とつぶやきながら、五兵衛は家から出て来た。今の地震は、別にはげしいという程のものではなかった。しかし、長いゆったりとしたゆれ方と、うなるような地鳴りとは、老いた五兵衛に、今まで経験したことのない、無気味なものであった。

　五兵衛は、自分の家の庭から、心配げに下の村を見下ろした。村では、豊年を祝う宵祭の支度に心を取られて、さっきの地震には、一向気がつかないもののようである。

　村から海へ移した五兵衛の目は、たちまちそこに吸い付けられてしまった。風とは反対に、波が沖へ沖へと動いて、見る見る海岸には、広い砂原や、黒い岩底が現れて来た。

「大変だ。津波がやって来るに違いない。」と、五兵衛は思った。このままにしておいたら、四百の命が、村もろ共ひとのみにやられてしまう。もう、一刻も猶予はできない。

「よし。」
と叫んで、家にかけ込んだ五兵衛は、大きな松明を持って飛び出して来た。そこには、取り入れるばかりになっているたくさんの稲束が積んである。

「もったいないが、これで村中の命が救えるのだ。」
と、五兵衛は、いきなりその稲むらの一つに火を移した。風にあおられて、火の手がぱっとあがった。一つまた一つ、五兵衛は夢中で走った。こうして、自分の田のすべての稲むらに火をつけてしまうと、松明を捨てた。まるで失神したように、かれはそこに突っ立ったまま、沖の方を眺めていた。

　日はすでに没して、あたりがだんだん薄暗くなって来た。稲むらの火は、天をこがした。山寺では、この火を見て早鐘をつき出した。

「火事だ。荘屋さんの家だ。」
と、村の若い者は、急いで山手へかけ出した。続いて、老人も、女も、子どもも、若者の後を追うようにかけ出した。

　高台から見下している五兵衛の目には、それが蟻の歩みのように、もどかしく思われた。やっと二十人程の若者がかけ上って来た。彼らは、すぐ火を消しにかかろうとする。五兵衛は大声に言った。

「うっちゃっておけ。――大変だ。村中の人に来てもらうんだ。」

　村中の人は、おいおい集まって来た。五兵衛は、後から後から上って来る老幼男女を、一人ひとり数えた。集って来た人々は、もえている稲むらと五兵衛の顔とを、代わる代わる見くらべた。

　その時、五兵衛は力いっぱいの声で叫んだ。

「見ろ。やって来たぞ。」

　たそがれの薄明かりをすかして、五兵衛の指さす方を一同は見た。遠く海の端に、細い、暗い、一筋の線が見えた。その線は、みるみる太くなった。広くなった。非常な速さで押し寄せて来た。

「津波だ。」
と、誰かが叫んだ。海水が、絶壁のように目の前に迫ったと思うと、山がのしかかって来たような重さと、百雷の一時に落ちたようなとどろきとをもって、陸にぶつかった。人々は、我を忘れて後へ飛びのいた。雲のように山手へ突進して来た水煙の外は、一時何物も見えなかった。

　人々は、自分らの村の上を荒れくるって通る白い恐しい海を見た。二度三度、村の上を海は進みまた退いた。

　高台では、しばらく何の話し声もなかった。一同は、波にえぐり取られてあとかたもなくなった村を、ただあきれて見下ろしていた。

　稲むらの火は、風にあおられてまた燃えあがり、夕やみに包まれたあたりを明るくした。はじめて我にかえった村人は、この火によって救われたのだと気がつくと、無言のまま、五兵衛の前にひざまずいてしまった。

1 中越沖地震と柏崎刈羽原子力発電所

【写真１】柏崎刈羽原子力発電所（柏崎市ほか）

【写真２】発電所の実物模型

【写真３】避難訓練の様子

① 中越沖地震の衝撃

地震が**SDGs12「つくる責任　つかう責任」**に大きなダメージを与えることがある。2007(平成19)年に発生した**中越沖地震**によって，新潟県柏崎市と刈羽郡刈羽村にまたがる柏崎刈羽原子力発電所から微量の**放射性物質**が漏れ出た。この事故は日本海側の漁業や柏崎市周辺の「柏崎米」をはじめとする農産物に悪影響を与える**風評被害❶**につながった。東日本大震災［2011］による福島第一原子力発電所事故の４年前に，すでに教訓とすべき被害が生じていたのである。

② 柏崎刈羽原子力発電所の事故

柏崎刈羽原子力発電所は７基の原子炉を稼働させており，「東洋一の規模を誇る」といわれていた。【写真１】はその全景である。

地震発生後，稼働中の原子炉はすべて緊急停止され，放射性物質の流出は確認されなかった。しかし，３号機付近の変圧器から出火し鎮火まで2時間ほどかかったこと，6・7号機の使用済み燃料プールから水がしみ出し微量の放射性物質が漏洩していたことが判明した。原発設計時の耐震基準をはるかに超える加速度❷が地震計に記録されていることから，建物にひびが入った可能性が考えら

❶事故や災害などが大々的に報道されることで，本来は安全な品物や観光地などに対し，人々が購入や旅行を避けて生じる経済的被害。

❷１秒間にどれだけ速度が上昇したかを示すもので，単位は「ガル（gal）」。

れている。その後IAEA（国際原子力機関）による調査が入り，事故評価レベルは８段階のうち０（福島第一原子力発電所事故は７）とされた。

漏れ出した放射性物質は，健康に問題があるとされる基準を大幅に下回る量だったが，国内では柏崎米の農作物などが敬遠され，海外にも日本海の魚が放射線汚染された印象を与えるなど，風評被害の影響は大きかった。

SDGs9「産業と技術革新の基盤をつくろう」だけでなく，**SDGs12.8「2030年までに，人々があらゆる場所で，持続可能な開発や，自然と調和した暮らし方に関する情報と意識をもつようにする。」**の重要性が感じられる。

❸「まちから」を中心とした取り組み

柏崎市には公益活動をおこなう市民活動団体やNPO団体の活動拠点となる施設「まちから」が整備されている【写真４】。展示物は，中越沖地震の記録や教訓を生かして地域の防災力を高める「中越沖地震メモリアル」の一環としての側面も持つ（▶p.27）。

大切だと思えるのは，当時の記録をそのまま残そうとしているところだ。市民の体験談のパネルには，当時の人々の戸惑いそのものが記録されており，防災・減災への示唆に富んだものが多く，参考になる。パネルに記された印象深いメッセージを紹介する。

■「原発か。地震か。津波か。３つ悩んだ」

寄稿者は当時，市内にある中学校の教諭だった。部活動指導中に生徒たちを避難させる際，原発の放射能漏れなら建物内，余震で建物が倒れたらいけないので校庭，津波なら屋上と，誘導先に迷い，最終的には訓練通り生徒を校庭に集めたとのこと。

■「しっかりとした対応をしないと風評被害が拡大する」

当時，市地域振興局副部長だった人の寄稿。農産物の購入者からの放射線に対する問い合わせにあたっていた。

地元では３年前の中越地震の教訓が活かされていたが，ほかの地域へ教訓を伝えることの重要性が痛感されるメッセージである。

【写真４】かしわざき市民活動センター「まちから」（柏崎市）

【写真５】「まちから」の展示

考えてみよう

災害時の貴重な体験談や教訓が，地域だけにとどまってしまわないようにするにはどうすればいいだろう。

2 東日本大震災と福島第一原子力発電所

1 福島第一原子力発電所事故

東日本大震災からの復興でもっとも長期化が予想されているのが福島第一原子力発電所事故だろう。廃炉までの費用・時間など予想が立たない問題が多く，何よりいまだに**帰還困難区域**❶が存在している。この事故について，まず**SDGs9「産業と技術革新の基盤をつくろう」**から改めて考えてみる。

東北地方太平洋沖地震発生時の大きな揺れにより，原子炉【図1】はすぐに停止した。この段階では停電に備えた内部電源などによって原子炉の中を冷却することが可能だった。強い地震動に対しては，放射性物質を原子炉の中に閉じ込めることはできたといえる。

ところが，地震発生後に生じた大きな津波によって，発電所内の蓄電池や非常用発電機などの内部電源機能が失われた。この結果，原子炉の冷却が不能となって，核燃料が自らの崩壊熱によって溶け出してしまった。

事故の最大の問題は，電源が喪失されたため冷却装置が働かなかったということである。冷却されない核燃料が**メルトダウン**❷を起こし，溶融燃料の一部が原子炉格納容器に漏れ出し，放射性物質が排出されてしまった。同時に炉心（燃料棒などの原子炉の中心部分）を覆うジルコニウム合金製の被覆管も溶けてジルコニウムと水が反応し，水素が多量に発生。**水素爆発**が生じ，原子炉の建屋が吹き飛んだ【図2】。爆発の瞬間の映像は世界中の人に衝撃と恐怖を与えた。

この事故は，国際原子力事象評価尺度（INES）によって，1986年に旧ソ連ウクライナ共和国内で起きたチェルノブイリ（チョルノービリ）原発事故と同じ「レベル7」と分類された（▶p.45）。日本における原子力発電所の「安全神話」が崩れた大事故であった。

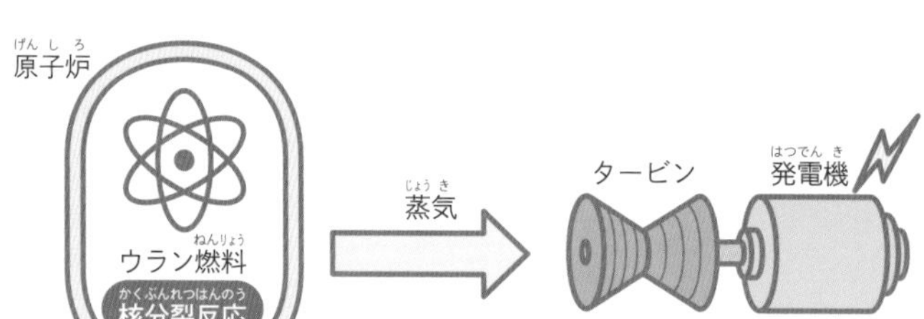

【図1】**原子力発電のしくみ**：原子炉の中でウラン（核燃料）が核分裂反応を起こす時に出す熱を利用して水を熱し，そこから得られた蒸気の勢いでタービンと発電機を回転させて電気をつくっている。日本にある原子炉は，加圧水型原子炉❸と沸騰水型原子炉❹の２タイプである。

❶政府が長期にわたって住民の立ち入りを禁止している区域。1年間の積算放射線量が50ミリシーベルトを超える。IAEAの基準では，20ミリシーベルト以上の区域に居住し続けると人体に影響をおよぼすため。

❷金属製の筒（被覆管）の中にウランを焼き固めた「**ペレット**」が何百個も入った棒状のものが燃料棒。ペレットが溶けることを「**炉心溶融**」といい，メルトダウンとはこの炉心溶融が進んで燃料が溶けて圧力容器の底にたまること。

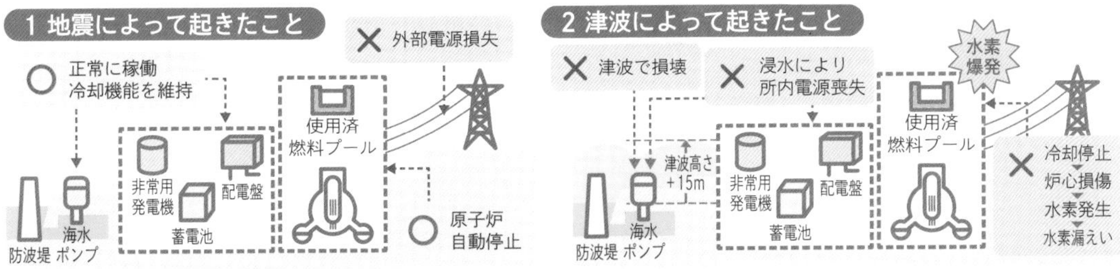

【図2】福島第一原子力発電所事故の概要

② 正しい知識を広める取り組み

震災後，学校ではすぐに放射線教育に取り組む必要があった。特に福島県では子どもたちがさまざまな不安に陥っていたからである。さらに，福島県から他県に避難した児童生徒に対するいじめや，恐喝事件にまで発展した行為に対応する必要があった。文部科学省は「**放射線副読本**」を作成して全国の小中高等学校に配布した。福島県でも県独自の副読本を作成したほか，教員研修を全県で実施した。福島県環境創造センターを設置して教職員研修をおこなったり，子どもたちが専門スタッフから学ぶ機会が設定されたりした。2019（令和元）年には，各地域代表の児童生徒による発表会が，シンポジウム形式でおこなわれている【写真1】。

【写真1】発表会の様子

③ 原子力発電所事故と復興の発信

小学生段階から放射線を正しく理解して説明することの重要性は，**SDGs4.2**「**2030年までに，すべての子どもが，幼稚園や保育園に通ったりして，小学校に上がるための準備ができるようにする。**」の重要性とつながる。事故後は日本列島全体が放射線に汚染されたと考える国も多く，日本に住む自国民に対して帰国勧告を出したり，日本産食品の輸入規制をおこなったりしていた。

学校教育であつかわれる知識を多くの人がもつようになるまでには時間が必要である。放射線の数値が「安全」でも「安心」と感じられなければ，多くの人は特定の場所や産品を敬遠してしまうだろう。放射線について学んでいる子どもたちこそ，この「正しく理解して伝える」という課題に応えることができる可能性をもっている。科学的な知識にもとづいてものごとを判断し，いじめや差別がない社会をつくる姿勢を持ち続けてもらいたい。

話しあってみよう

放射線の問題によるいじめが起きないためにできることは何だろうか。

難しい課題
だけれども
チャレンジ
してみよう

❸原子炉で作った熱水を蒸気発生器に送り，別の水を加熱して高温の蒸気に変え，その力でタービン・発電機を回転させ発電する仕組み。

❹原子炉で水を沸騰させて高温の蒸気をつくり，その蒸気の力で直接タービン・発電機を回転させ発電する仕組み。福島第一原子力発電所の原子炉はこのタイプ。

解説 安定エネルギーと原子力発電所の課題

1 SDGsと安定エネルギー

SDGs7「エネルギーをみんなに　そしてクリーンに」は世界が解決しなくてはならない喫緊の課題だ。

日本でもエネルギー資源の確保は差し迫った問題となっている。使用割合が高い石炭・石油・天然ガスなどの化石燃料は，日本での自給状況は厳しく海外からの輸入に頼らざるを得ない。特に石油については政治的に不安定な中東などに依存しており，政情によって価格は高騰する。日本はこれまで2度の**オイルショック**❶を経験し，そのことが原子力発電への依存につながっていた。

2022年に始まったロシアのウクライナに対する軍事行動では，国際的な非難にも関わらず，資源国であるロシアは輸出する天然ガスを戦略的に用いた。欧州ではロシアからガスを輸入している国が多く，ロシアに対する経済制裁を科した国はロシアによるガス供給停止を受けて，光熱費が高騰した。

SDGs9.4では「**2030年までに，資源をよりむだなく使えるようにし，環境にやさしい技術や生産の方法をより多く取り入れて，インフラや産業を持続可能なものにする。すべての国が，それぞれの能力に応じて，これに取り組む。**」と記されているが，気候変動やエネルギー危機の中で，このターゲットは各国にとって重い課題といえる。

2 さまざまなエネルギー資源開発

SDGs7.2には「**2030年までに，エネルギーをつくる方法のうち，再生可能エネルギー（太陽光，風力，地熱など使っても減らず，二酸化炭素を排出しないエネルギー源）を使う方法の割合を大きく増やす。**」と記され，世界では再生エネルギーへの関心が高まっている。こうした世界情勢の中で，日本は安定エネルギーの確保を目指しさまざまなエネルギーの開発と利用に取り組んでいる。**国際再生可能エネルギー機関**（IRENA）によると，日本の太陽光発電能力は中国と米国に続き世界3位となっている（2020年時点）。日本政府は2050年までに温室効果ガスの排出を実質ゼロ（**カーボンニュートラル**）にする目標を掲げており，ますます太陽光発電の割合が高くなることが予想されている。

このほか，火山活動が活発な地域での**地熱発電**や，山間部の地形の高低差による**水力発電**など，日本列島の地質・地形の特色を生かした発電が期待されている。さらに海に囲まれた国土を活かした**潮力発電**や海陸風による**風力発電**も開発され，**バイオマスエネルギー**❷の研究も進められている。

❶ 1970年代，中東地域の戦争によって原油生産量が減少するなどして，原油価格が高騰。当時の物価上昇率が年20%というインフレが起きた。石油危機。

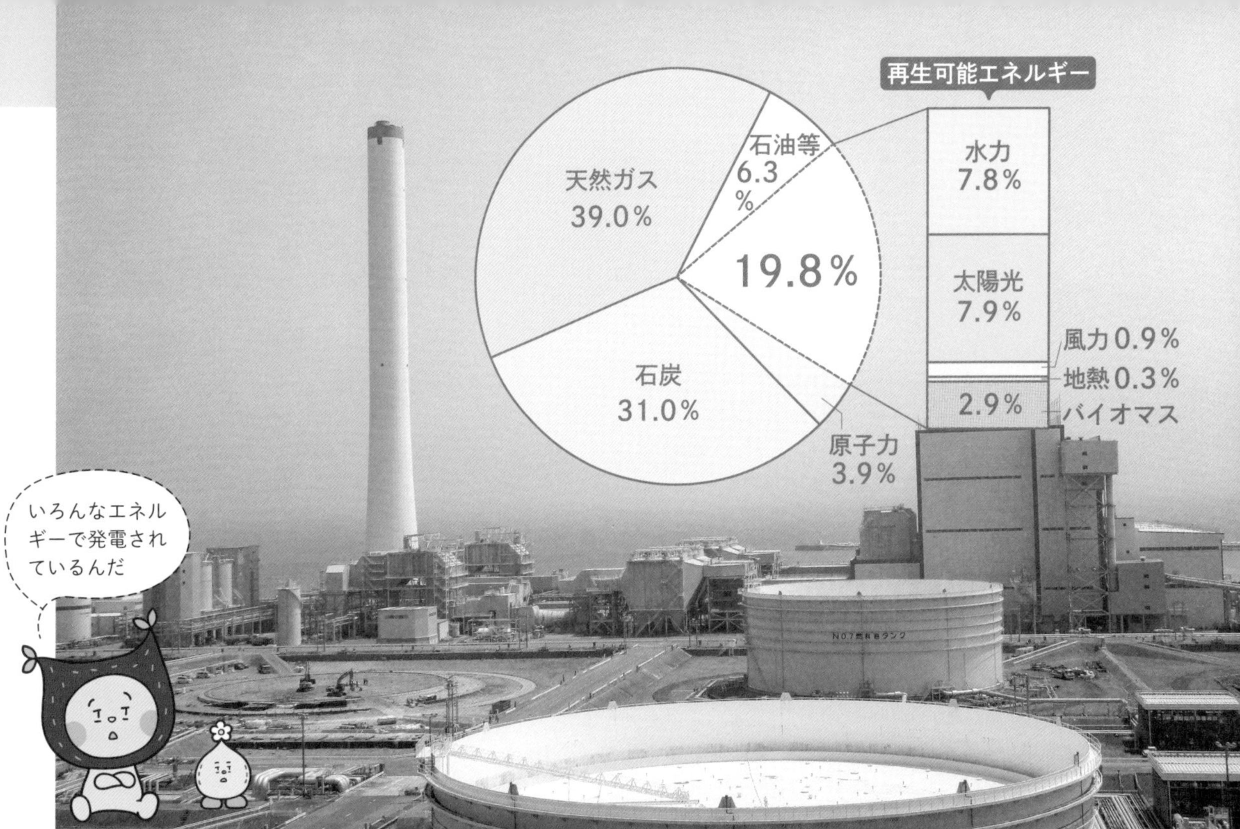

広野火力発電所（構内に世界最新鋭の大型石炭ガス化複合発電（LGCC）が設置）

【図1】日本の電源構成と再生エネルギーの内訳（2020）：日本は，2030年度にCO_2排出46%削減（2013年度比）を目指し，総発電量を約9340億kWh程度と予想。発電目標の内訳を公表している。再生可能エネルギー：36〜38%＜内訳;太陽光14〜16%／風力5%／地熱1%／水力11%／バイオマス5%）原子力：20〜22%　天然ガス：20%　石炭：19%　石油：2%（資源エネルギー庁）

しかし，いずれも現段階では安定したエネルギーとは言い難い。さまざまなエネルギーを組み合わせる「エネルギーミックス」の状態が今後も続くと考えられている【図1】。

3 原子力発電の課題
❶事故対応

原子力発電はCO_2の排出削減に効果的なクリーンエネルギーと期待されていたが，東日本大震災によって，その認識は大きく変わってしまった。

「人類の歴史上，もっとも深刻な環境破壊」と呼ばれるのが，**チェルノブイリ原子力発電所事故**［1986］❸である。発電所から30㎞以内に住むおよそ12万人の住人すべてが移転させられ，発電所から遠く離れた地域でも放射性物質による汚染が確認された場所は住民移転が進められ，事故後数十万人が移住を余儀なくされたといわれている。

日本における原子力発電所事故は，1999（平成11）年JCO東海村臨界事故，2007年柏崎刈羽原子力発電所事故がある。東海村臨界事故では国内で初めて事故被曝による死亡者が出たことを受け，原子力災害対策特別措置法が制定された。2011年福島第一原子力発電所事故では，同法にもとづいて**緊急事態宣言**が発動され，避難指示が発令された。

その福島第一原子力発電所事故によって放射線が放出された地域が【図2】である。放

❷動植物などの生物から生み出されるエネルギー。

❸ 1986年4月26日，ソビエト連邦（現在のロシア）の構成国であるウクライナ・ソビエト社会主義共和国（現在のウクライナ）で発生した。

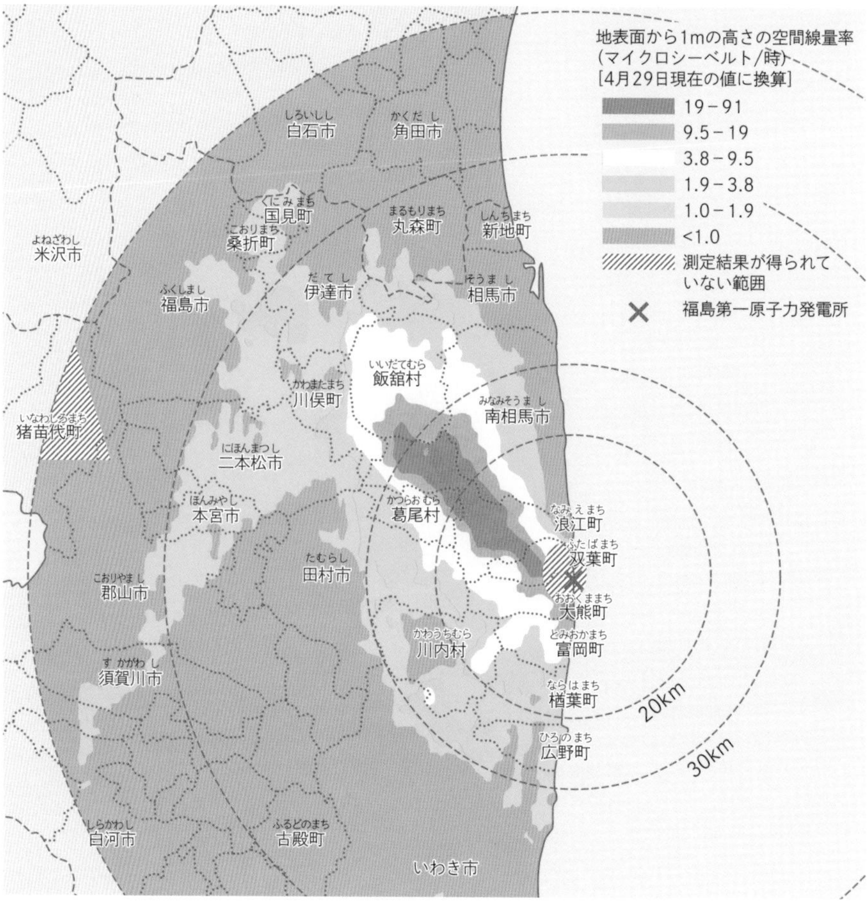

【図２】福島第一原子力発電所事故によって放出された放射線の範囲（原子力規制委員会，2011）

射線は北西方向に広がっていることがわかるが，これは事故発生時の風向きの影響によるものだった。風の向きによって住民の人生が大きく変わってしまったのだ【写真１】。福島第一原子力発電所は廃炉が決まったものの，完了まで長い時間と莫大な費用が必要なことがわかっている。当初30〜40年はかかるとされていたが，新型コロナウイルス感染症の影響❸でさらに延びるといわれている。

SDGs3.9では，**「2030年までに，有害な化学物質や，大気・水・土壌の汚染が原因で起こる死亡や病気を大きく減らす。」**と記されている。

国民一人ひとりが，こうした問題を過去の

【写真１】荒れた田畑（福島県飯舘村）：住民がいなくなり，人の手が入らなくなったことで草が生い茂っている。

❸ 2020年に流行し始めた新型コロナウイルス感染症は，その後世界的な感染爆発を引き起こし，国内では外出自粛や学校の一斉休校など，人々の活動に大きな影響が出た。

❹放射性物質の放射能が弱まり，初めの半分になるまでの時間を言う。プルトニウム239は2.4万年，ウラン235は7億年という途方もない時間がかかる。

【写真2】幌延地層処分研究所

【写真3】立て坑内部：地下を見た様子。

ことと考えず，国際的にも視野を広げてとらえる必要があるだろう。

4 原子力発電の課題 ❷放射性廃棄物の処分地

原子力発電の根本的な課題に，**使用済み核燃料**の廃棄があげられる。使い終わった燃料のうち，大部分はリサイクルして再利用することになっているが，リサイクルしたあとに残る廃液は，それ以上再利用できないうえに強い放射線を出している。使用済み核燃料は，原子力発電に関連して発生する**放射性廃棄物**の中でも特に放射能が非常に強いため，「高レベル放射性廃棄物」と呼ばれている。

その中にはウラン235，プルトニウム239など，**半減期**[4]が長期間になる放射性物質も多く含まれるため，廃棄物の最終的な処分が大きな課題となっているのだ。

もっとも懸念されるのは，処分方法が不十分なまま，日本はじめ世界各国で原子力発電が進められていることだ。使用済み核燃料はどこかに廃棄する必要があるが，国を越えて移動させることはできず，使用した国内での処分が条約などによって決められている。

原子力利用を推進する国際機関では，地下数百メートルに高レベル放射性廃棄物を埋設する「**地層処分**」と呼ばれる方法を推奨している。高レベル放射性廃棄物とガラスを混ぜて固めたものを，地下深くの安定した岩盤に閉じ込めて処分するという方法である。

しかし，処分施設の建設地や候補地が決まっているのはヨーロッパの一部の国だけで，これらの国でも埋設は始まっていない（2022年時点）。日本のような地殻変動のいちじるしい国土では国内に埋設場所を求めることは難しい。ガラス固化体やオーバーパック（金属製の容器）などの人工バリアを用い，科学技術によって作製された物質に強引に封じ込めざるを得ないのが現状だ。

何より国内の中で，受け入れてくれる自治体はあるのだろうか。【写真2，3】は北海道にある「幌延地層処分研究所」である。ここでは地層処分に関する研究はされているが，住民との合意のもと，処分地はつくらないことになっている。

政府だけでなく，国民一人ひとりもSDGsを踏まえ，これからの日本のエネルギーの方向性を考える時期にきている。

考えてみよう

なぜ日本は原子力発電への依存が高いのか，次の2点から考えてみよう。

❶太平洋戦争やオイルショックからの教訓

❷化石燃料・地球温暖化対策

観点が変わると考え方も変わってくるかも

コラム

さまざまな原因による津波災害

1 地球の反対側からの津波

津波は水面を伝わってくる。世界の海とつながっている日本は，列島周辺だけでなく太平洋で発生した地震を無視することができない。その典型的な例が，1960年に生じたチリ地震による津波である。【図1】はその時の津波の伝わる様子を示したものだ。

チリ地震はM9.5という観測史上最大級の地震だった。地震発生後22時間で日本列島の太平洋側に津波が到達し，犠牲者は全国で139名，住宅の流失・全壊2,830棟，半壊2,183棟，浸水37,195棟など，甚大な被害が生じた。津波はこの7時間前にハワイ島に到達して死者61人などの被害を出しており，その情報は日本にも伝えられていたはずだが，津波到達時間が真夜中だったこともあり，被害が大きくなった【写真1】。

このことから，たとえ地球の反対側で発生した地震であっても，海底で発生した地震による津波についてはじゅうぶん警戒する必要があり，国際的な情報ネットワークが不可欠

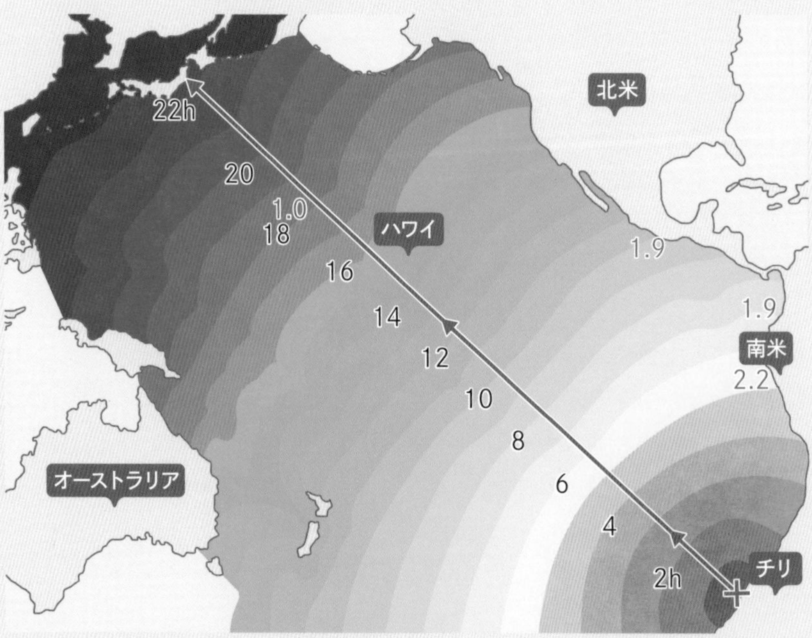

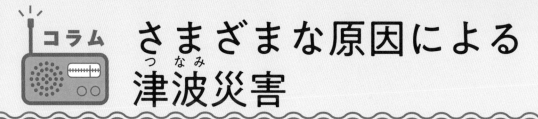

【図1】1960年チリ地震による津波の伝わり方

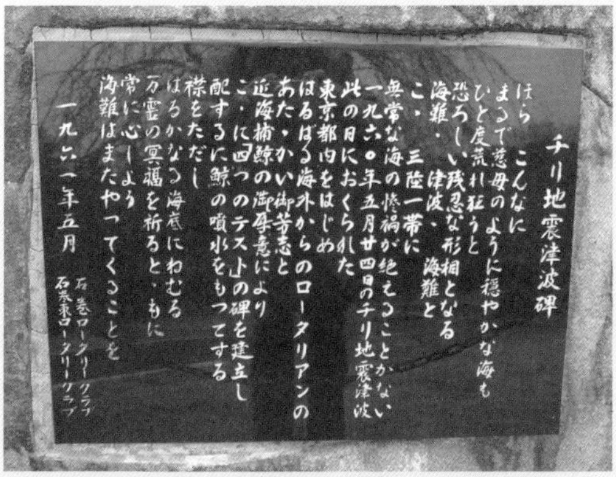

【写真1】チリ地震津波碑（石巻市）：被災1年後に建てられた。

【写真2】島原大変大地図（島原市）：噴火の様子を描いた絵図。

なことがわかった。チリ地震を契機にして日本も太平洋津波システムに組み入れられることになり，遠地津波に備える体制が整えられた。防災・減災に関してはあらゆるレベルのパートナーシップが不可欠なことが，SDGs17.17「**さまざまなパートナーシップの経験などをもとにして，効果的な公的，官民，市民社会のパートナーシップを進める。**」として述べられている。

2 海底火山の噴火による津波

2022年1月，日本列島の太平洋側に津波警報や津波注意報が発表された。地震ではなく，日本から遠く離れた海底火山の噴火によるものだった。南太平洋のトンガ諸島にある海底火山「フンガトンガ・フンガハアパイ火山」が噴火し，日本の沿岸で潮位変化が観測されたため，気象庁は津波警報などを発表した。「今回の潮位変化は，地震に伴い発生する通常の津波とは異なります。防災上の観点から津波警報のしくみを使って防災対応を呼びかけているものです」という当時の報道発表からも，未知の現象への対応をしたことがわかるが，高知県や徳島県などで30隻の漁船が転覆するなどの被害が出てしまった。

被災地のトンガでは，死者4人（うち災害関連死1人），負傷者14人，火山噴火と津波・火山灰の降灰による家屋の浸水・倒壊など，被災者は人口の8割以上にあたる8万4千人にのぼった。噴火から2か月近く経っても多くの人々が避難生活を余儀なくされた。さらに通信用海底ケーブルが損傷したことでトンガ全土に大規模通信障害が引き起こされ，情報収集の段階から大きな支障が出た。

3 火山の噴火による津波

日本でも江戸時代に火山噴火で大津波が発生して大災害が生じたことがある。九州西北にある島原半島の雲仙普賢岳は噴火を繰り返しているが，1792（寛政4）年の噴火では山体崩壊を起こし，猛烈なスピードで大量の土砂が海に流れ込んだことで対岸の熊本県（肥後国）沿岸部に向けて津波が発生し，甚大な被害が生じた。死者約1万5千人の大惨事となり，「島原大変肥後迷惑」という言葉を生んだ【写真2】。

1 兵庫行動枠組(HFA)と国連DESD

1 自然災害の多発と国連防災世界会議の誕生

1990年から1999年は「国際防災の10年」とされ，1994年には日本が提案し，横浜市で**第１回国連防災世界会議**がおこなわれた。

会議以前，自然災害は国際社会の共通テーマにはならないといわれていたが，1970年からの20年間で，全世界の自然災害による死者は約300万人，被災者は少なくとも8億人以上，直接被災額は約230億ドルに達した。おもな災害の被災者数だけでも，1970年バングラデシュのサイクロン被害で約30万人，1976年中国の唐山地震で約22万人，1984年から1985年に起きたアフリカの干ばつでは約55万人に達していた。

さらに1989年アメリカのロマ・プリエタ地震，1988年アルメニア地震，1985年メキシコ地震とコロンビアのネバド・デル・ルイス火山噴火などによっても甚大な被害が生じた。地域によっては洪水やサイクロンが毎年のように発生し，膨大な被害をもたらしていた。このように，80年代に入ると，世界の平和と安全（安定）のためには，自然災害を無視することができなくなってきていたのだ。

こうした世界情勢を受け，自然災害の教訓が豊富な日本がリーダーシップを取り，初めての国連防災会議が開催された。その意義は大きいといえる。会議の基本認識は「持続可能な経済成長は，災害に強い社会の構築と事前の準備による被害軽減なくしては達成できない」「人命，財産を守り自然災害による被害を軽減するために地球規模の防災体制確立に向けた事業に着手する」とあり，現在のSDGsにつながっているともいえるだろう。

1999年には**国際防災戦略**（現在の国連防災機関）が策定され，2000年には国連国際防災戦略（UN/ISDR）事務局がスイス・ジュネーヴに設置された【写真１】。

2 兵庫行動枠組(HFA)

横浜で第１回国連防災世界会議が開催された翌年の1995年1月17日，**阪神淡路大震災**が発生した。近代都市神戸が受けた被害の大きさは衝撃となって国内外に広がった。10年後の2005年1月，その神戸市で**第２回国連防災世界会議**が開催された。会議前年の2004年12月には，犠牲者数20万人を超える**スマトラ島沖地震・インド洋津波**が発生していたため，この会議は大きな注目を集めた。会議の成果文書が**兵庫行動枠組**（**HFA**：Hyogo Framework for Action）である。

HFAが掲げる優先行動は以下の５つだ。

①災害リスクの軽減は，実施へ向けた強力な組織的基盤を備えた国家・地方における優先事項であることを保証する。

【写真２】

【写真１】パレ・デ・ナシオン（国連事務局）：国連の前身である国際連合の建物として建設された。

②リスクの特定，評価，監視と早期警戒を強化する。

③全レベルにおいて安全の文化と災害に対する抵抗力を培うために，知識，技術革新，教育を利用する。

④潜在的なリスク要素を軽減する。

⑤すべてのレベルにおける効果的な対応のための災害への備えを強化する。

特に③が防災教育と大きく関わっている。このHFAをフォローアップするために，2007年から2年に1度，**グローバル・プラットフォーム(GP)会議**がジュネーヴで開催されることになった【写真２】。2007年には，HFAにもとづいた「Disaster risk reduction begins at school(災害リスク削減は学校から)」という国際的なキャンペーンが展開されている。

③ 国連・持続可能な開発のための教育の10年(UNDESD)とHFA

国連・持続可能な開発のための教育の10年（**UNDESD**：United Nations Decade of Education for Sustainable Development）は日本が提唱したもので，ユネスコを中心に国連が推進する国際的なESD(p.6)活動だ。日本が国内外に新たな環境教育，ESDの重要性を確立した意義をもつ。

UNDESDが始まった2005年からの10年は，第2回国連防災世界会議の成果文書として採択されたHFAの取り組み期間と重なる。日本から世界に向けて，環境・防災の領域でUNDESDとHFAが発信されたことになり，日本の貢献は大きいといえるだろう。

UNDESDは2005年から2014年までの取り組みであり，2015年以降の後継プログラムとして「**ESDに関するGAP**」がつくられた。これはUNDESDのフォローアップを実施するもので「政策的支援」「機関包括型アプローチ」「教育者」「ユース」「ローカルコミュニティ」の5つを優先行動分野としている。

さらに2020年からは，「SDGs 実現に向けて（**ESD for 2030**)」という教育目標として，世界の国々が引き続き取り組むことになっている。ESD for 2030には，ESDはSDGsの実現に不可欠な実施手段であることが明記されている(p.6, p7)。

2 第3回国連防災世界会議 仙台防災枠組2015-2030

① 仙台防災枠組 2015-2030

SDGs11のターゲットである**11.b**には「**2020年までに，誰も取り残さず，資源を効率的に使い，気候変動への対策や災害への備えを進める総合的な政策や計画をつくり，実施する都市やまちの数を大きく増やす。「仙台防災枠組2015-2030」にしたがって，あらゆるレベルで災害のリスクの管理について定め，実施する。**」と示されている。この「**仙台防災枠組2015-2030**」は，世界的な防災ガイドラインとして2015年9月に国連総会で採択されたもので，2030年までに世界が目指すべき方向を示した文書である。

仙台防災枠組は，2015年3月に仙台市を中心に開催された**第３回国連防災世界会議**の成果であり，「仙台宣言」とともに採択された。5-1（▶p.50）の「兵庫行動枠組2005-2015」の後継となる新しい国際的防災指針だ。この第3回会議は，幾多の災害から日本が得た教訓を始め，防災技術・ノウハウなどの発信も大きな成果だったが，何より2011年3月11日に発生した東日本大震災からの復興の発信と，被災地の振興を世界に示せたことに意義があった【写真１】。

仙台防災枠組が取り扱う災害リスクは「自然災害，人為的要因（火災や原子力発電所事故災害）による災害」だけでなく，災害に関連す

「仙台防災枠組 2015-2030」

【4 つの優先行動】

❶災害リスクの理解
❷災害リスク管理のための災害リスクガバナンスの強化
❸レジリエンスのための災害リスク削減への投資
❹効果的な対応のための災害準備の強化と回復・復旧・復興に向けた「より良い復興」

【7 つのターゲット】

❶ 2030 年までに地球規模での災害死者数を実質的に減らす。2005 年から 2015 年までと比べ，2020 年から 2030 年には 10 万人当たりの死者の減少を目指す。
❷ 2030 年までに地球規模での災害による被害を受ける人々の数を減らす。2005 年から 2015 年までと比べて，2020 年から 2030 年には 10 万人当たりの被害者数の減少を目指す。
❸ 2030 年までに地球規模での GDP（国内総生産）に関連し，災害を直接の原因とする経済的損失を減らす。
❹ 2030 年までに，保健や教育施設など重要なインフラへの損害や基本的サービスの破壊を，レジリエンス（回復力・強靭性）の開発を通じて，実質的に減らす。
❺ 2020 年までに国レベルおよび地方自治体レベルにおいて，災害リスク削減戦略を策定する国を実質的に増やす。
❻ 2030 年までに本枠組の実施に向けた国レベルの活動を補完するために，発展途上国へのじゅうぶんで持続可能な支援を通じた国際協力を実質的に強化する。
❼ 2030 年までに人々による多様な災害への早期警戒システムと災害リスク情報および評価の入手やアクセスを実質的に増やす。

世界共通の防災指針が日本
から発信されていたんだ

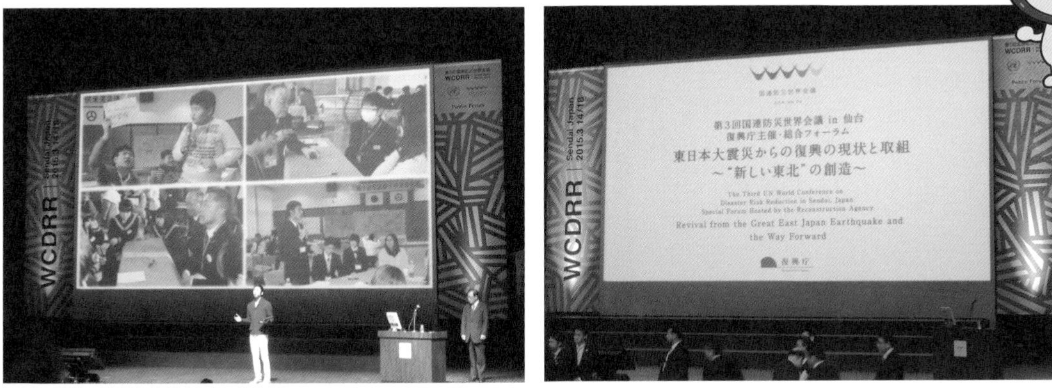

【写真1】第３回国連防災世界会議の様子（仙台市，2015）

る環境的・技術的・生物学的災害が明記されている。さらに，「関係者の役割」という項目では「市民社会やボランティアを含む社会の構成員すべてが防災に関わることの重要性」も記されている。

2 SDGsに見る気候変動や自然災害などへの対応

SDGsでは気候変動や関連する災害への対応が繰り返し述べられている。災害の発生は経済的格差を広げ，貧困層・脆弱層にとっては，より生活が困難な状況に陥る。個人や災害発生国だけでは解決や救済が不可能となり，そこに住む人々の生存が脅かされることになりかねない。これでは「誰一人取り残さない」という持続可能な社会の構築には程遠い。

「仙台防災枠組2015-2030に沿った国家レベルの防災戦略を採択し実行している国の数」は，SDGsでも重要な指標として，**SDGs1.5**，**SDGs11.b**，**SDGs13.1**に書かれている。具体的な防災の実現が各国に求められているといえるだろう。

3 日本から国際社会への発信

阪神淡路大震災〔1995〕は，日本の学校防災における大きなターニングポイントであり，「生きる力」育成の原点になった。震災以後，さまざまな防災・減災，復興教育が積み重ねられてきた。そこで生まれた多くの教訓とESD，SDGsを連動させた学びこそ，日本が世界へ発信すべきものではないだろうか。

自然と人間との関わり，人間と人間とのつながりはESDの重要な観点であり，SDGsにも引き継がれている。東日本大震災以降も日本では大きな自然災害が繰り返し発生している。常に災害と向き合う国の「BOUSAI」教育の力は大きいはずだ。

【写真２】第３回国連防災世界会議のキービジュアル

コラム

地震と文化財

1 熊本城の被害

国宝熊本城は戦国時代の武将加藤清正［1562-1611］が築城した名城であり，熊本のシンボルとして名高いが【写真1】，2015年に発生した**熊本地震**によって大きな被害を受けた。清正が慶長伏見地震［1596］の際に，伏見桃山城の豊臣秀吉の元へ真っ先に駆け付けた逸話にもとづき歌舞伎「地震加藤」❶がつくられたこともあって，城の地震対策はじゅうぶんされているイメージだっただけに，崩れた城郭の様子は多くの人に衝撃を与えた【写真2】。

熊本城は京町台地の先端に築かれ，地盤の強さも考慮されていたとされるが，熊本地震による被害の範囲は大きく，すべての復旧工事が完了するのは2037年とされている。

熊本城は過去にも，大地震が起きた時に城郭が被害に遭ったことがさまざまな記録に残されている。そのたびに復興してきた熊本城のレジリエンスにこれからも注目しよう。

2 鶴ヶ城の被害

日本各地の城には，地震による被害の記録が多数残されている。今から約400年前の1611（慶長16）年，福島県会津盆地の西縁を震源とするM6.9，震度6以上と推定される「会津地震」が発生した。死者3,700人以上，民家2万戸が倒壊する甚大な被害が生じた。

【写真1】地震前の熊本城

【写真2】地震直後の熊本城

❶正式な演目名は「増補桃山譚」。「地震加藤」は通称。
❷「文化財保護法」によって国が修理などに関する指示・命令を行う。

【写真３】鶴ヶ城（会津若松市）

【写真４】善光寺地震の記録絵（上田市）

会津藩の城である鶴ヶ城（正式名称若松城）は七層の天守閣が傾き，石垣は軒並み崩れたという記録がある。城を再建する際に，天守は五層に改められたという【写真３】。

3 地震による石垣の損傷

地震による城郭や石垣の被害は，本書で紹介しただけでも，伏見桃山城（▶p.54），戦後の福井城（▶p.32）がある。名城と呼ばれる城郭には美しい石垣があり，多くの観光客をひきつけているが，彼らが訪れている時に大地震が発生した場合を想像してほしい。その危険性から考えて，城郭の石垣に対しても何らかの対策が必要だろう。

しかし，石垣の補強にはかかる時間も費用も莫大なものになることは，熊本城の復旧工事例を見ても理解できる。何よりも歴史的建造物は，自由に補強を行ったり修復したりすることは法律によってできない❷。

地震大国日本において，天守閣を持った城郭の石垣の保存と改修は，頭の痛い問題といえるだろう。

4 歴史的建造物の防災対策

寺社は木造建築が多く，火災に弱いことが課題である。【写真４】は長野県内の寺社に残された「**善光寺地震**」の火災の様子である。1847（弘化４）年に起きた善光寺地震は，M7.4の内陸直下型地震であり，家屋倒壊が多数生じ，火災によっても大きな被害が発生した。死者総数は8,600人を超え，全壊家屋21,000軒，焼失家屋は約3,400軒に達したとされる。地震発生時はちょうど善光寺本尊の御開帳にあたり，多くの観光客で賑わっていたことから被害が拡大した。

SDGs8.9「**2030年までに，地方の文化や産品を広め，働く場所をつくり出す持続可能な観光業を，政策をつくり，実施していく。**」ことはこれからますます期待される。観光施設でもある歴史的建造物の，観光客を含めた防災という課題が見えてくるだろう。

調べてみよう

寺社や城郭などの文化財は，自然災害や火災などで損傷を受け，何度か建て直されたものが多い。地域の文化財の歴史を調べてみよう。

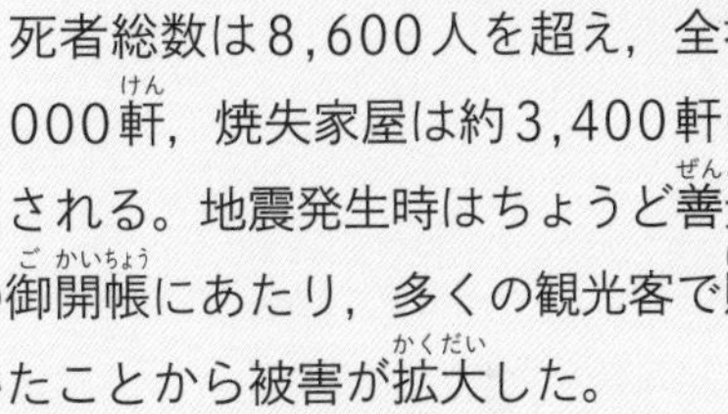

長い年月の間に
色々なことが
起きているはず

1 防災学習と避難訓練

1 自然災害の学び

❶ 知識としての学び

SDGs4「質の高い教育をみんなに」には，防災教育も含まれていると考えられる。防災学習❶の基本は，過去に生じた地域の自然災害を知ることから始まる。

自然災害に備えるためには，まず自然現象を理解することが必要だ。たとえば地震に対しては，海溝型地震や活断層型地震のメカニズムを知り，地震が発生しやすい場所や被害が大きくなりそうな地域を知っておくことが身の安全を守ることはもちろん，まち全体の防災にも欠かせない。

中学校までは理科で「物理・化学・生物・地学」の4領域が均等に学習されているが，高校になると地学を学ぶ機会が激減する。科目「地学基礎」とは違い，「地学」は大学入学共通テストでの選択者が少なく，発行されている教科書も1種類だけである（2023現在）。読者のみなさんには，ぜひ本書をはじめとした本で，自然地理や地学分野の学びを重ねてほしい。

❷ 地域に起こり得る災害の学び

災害が発生した時，わたしたちは自分が住んでいる地域で被災するとは限らない。中高生のみなさんが，将来どこで学んだり働いたりしているのか，その活動場所を予測することは難しいだろう。そうなると少なくとも日本列島の自然環境と，起こり得る自然災害を知っておく必要がある。

❸ 自然の二面性の理解

日本列島は，地震や火山噴火などの地殻変動がいちじるしく，温帯モンスーンに属しているため，常に自然災害が発生しやすい状況である。一方で，災害につながる自然現象はさまざまな恵みをわたしたちに与えている。物質的な恵みだけでなく，景観を楽しむ観光や野外活動などのレジャーなど，人生を豊かにしてくれる部分も多い。そもそも自然は，人間に都合よくできているわけではないことを理解しておく必要がある。

2 災害時の対応

学校では避難に関するマニュアルが作成されており，教職員はそれに則って児童生徒の安全確保に努めることになっている。みなさんが学校にいる間に災害が起きた場合は，先生たちの指示に従った行動を取ればよい。公共施設や鉄道などでも係員の指示に従い，決して慌てず，自分勝手な行動を取らないことが求められる。

しかし，誘導してくれる大人がいない時もあるだろう。その時には自ら適切な判断をして，速やかに行動を取らなくてはならない。そのためにも，自然環境や自然災害の知識を知っておくことや，災害避難訓練・防災訓練

❶防災教育は教える側の視点，防災学習は学ぶ側の視点に立った表現。内容的には違いはない。

【写真１】学校での引き渡し訓練で活動する中学生

【写真２】福島県環境創造センターで学ぶ中学生

といった日ごろの訓練が必要になってくる。

3 避難訓練の積極的な取り組み

東日本大震災で犠牲になった児童生徒のうち，もっとも多かったのは高校生だったことが報告されている。発災当時，ほとんどの高校では卒業式が終わっていた。亡くなった多くの生徒が，自宅など学校外で津波に巻き込まれたと考えられている。小・中学生など学校にいた子どもたちは，教職員の適切な誘導によってその多くが助かったことも報告されている。

この話を著者がある消防署の人に話したところ，「災害時に高校生の犠牲者が多いのはうなずける。**避難訓練の真剣さがもっともないのが高校生**だから」と言われた。もちろんすべての高校生がそうだとは思わないが，多くの学校で避難訓練を指導してきた消防署職員の言葉だけに無視できない。スポーツでもよく言われることだが，「**練習でできなかったことは本番でもできない**」からである。

4 安全・安心な生活を送るために

自然災害から身を守るために，学校だけでなく，地域で開催される避難訓練や防災訓練にも積極的に参加し，防災への意識や技能を高めることの大切さは述べるまでもない。

さらに日常から，**消火器**や**AED**の使用方法を覚えたり，**心肺蘇生法**を学んだりすることも大切である。周囲に大人がいない時に，人の生死に関わる場に遭遇する場合もあるからだ。こうして培った安全に対する姿勢は，防災（災害安全）だけでなく，事件や事故災害，交通事故などの学校安全にも活かされる。危険を予測する判断力や適切な対応能力は，自分を守ることにつながるだろう。

話し合ってみよう

地域のハザードマップを見て危険な場所を確認して，
ほかに注意すべき場所はないか話し合ってみよう。

2 明日に向かって

1 災害時の中高生の活躍

❶ 大規模災害での活動

災害が発生した時，部活動単位でボランティア活動に加わった経験のある読者もいるだろう。東日本大震災〔2011〕では，避難所運営の手伝い，小さな子どもたちの世話，被災した家の片付けなどに取り組む中学生・高校生の姿が注目を集めた。

ボランティアだけでなく，人命救助の例もある。避難していた生徒が倒れている人を発見し，心肺蘇生法を行ったというものである。保健体育の授業などで学んでいたからこそ対応できたことで，日常の学びの大切さがよくわかる事例だ。

❷ 小さな子どもへの配慮

大阪府北部地震〔2018〕の時には，さまざまな防犯カメラに地震発生時の状況が記録されていた。その中には，地震後もしばらくうずくまっていた小学生たちに，自転車で通りすぎた中学生が引き返して声をかけていた様子が映されていた。中学生・高校生が，自分たちよりも小さな園児や児童へ寄りそった対応をすると，年齢が近いだけに，大人より安心感を与える場合がある。

2 被災体験や代理経験による成長

災害に遭わないことにこしたことはない。しかし被災したことによって，当然のように考えていた平穏な日々が実は非常に尊いものであったことに気づくこともある。

災害に遭った人の立場や状況がどうだったのかを知り，自分がそのような環境に置かれた時を想像する力も必要だろう。インターネットなどですばやく情報を得ることも大切だが，災害状況や復興記録などをまとめた本を読むことによって想像力や共感する力が育成され，より深い思索が可能となる。映像を受動的に見ることと，読書から得た情報を能動的に再構築するプロセスとの違いは大きい。

3 守られる立場から守る立場へ

基本的に未成年者は，社会や大人によって守られるしくみになっている。しかし，災害発生時に中学生や高校生が，小さな子どもや高齢者，ハンディキャップをもった人たちを守ることができた例もある。

普段の学びの中で，地方自治体が作成したハザードマップの問題点や改善点などを見つけ出すこともある。守られるだけでなく，地域にどんな貢献ができるかを意識していくこ

❶ Volatility：変動性，Uncertainty：不確実性，Complexity：複雑性，Ambiguity：曖昧性という 4 つの単語の頭文字をとった言葉。先行き不透明で，将来予測が困難な状態を表す。

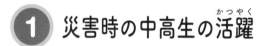

自分にできること
を見つけていこう

【写真１】避難所で子どもたちにおやつを配る中学生

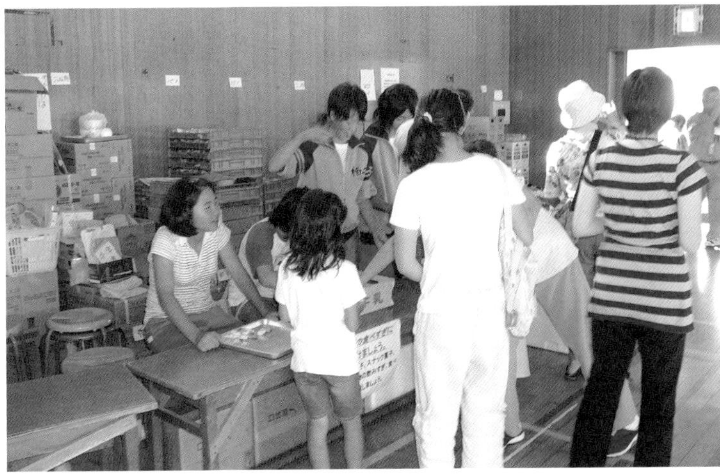

とも必要だろう。**SDGs11「住み続けられるまちづくりを」**達成するためには，中学生・高校生の力が不可欠だ。

4 キャリア教育の機会

読者のみなさんは，いずれ何らかの職業に就くだろう。自分はどんな仕事に向いているのか，何をしたいのか，悩み始めている人もいるだろう。VUCA[1]と呼ばれる時代にあって，現在は安定し需要が多く高収入が見込まれる職業であっても，未来が同じ状況であるとは限らない。

自分は何のために勉強しているのか，いま懸命に取り組んでいることが本当に将来のためになるのか，と考え始めたら，進路や職業だけでなく，人生そのものに対しても見通しが立たなく，戸惑ってしまうかもしれない。

ただ，確実なのは，どのような職に就こうとも，**人間と関わらない仕事，人間を相手にしない仕事はない**ということだ。世の中にはどのような仕事がどれだけ存在するのか調べてみると，人を守るための職業がいかに多く存在しているかということに気づくはずだ。

本書で学んできたことを踏まえて，大規模自然災害が発生した時に活動する人たちを考えてみよう。消防・警察・自衛隊のような救助や捜索に関わる職業を始め，医師・歯科医師・看護師・獣医師といった医療関係者，公認心理師や臨床心理士といった心のケアに携わる人，理容師・美容師といった体のケアに関わる人，それらをつなぐ自治体職員などがまずは思い浮かぶだろう。それだけではない。水道・電気・ガスなどのインフラ業，鉄道・航空などの運輸業，スーパーやコンビニなどの流通業なども被災者の支援にあたる。実はあらゆる職業が，人々の安全・安心に関わっていることが理解できるだろう。

自然災害はさまざまな職業をとらえ直す機会ともいえる。さらに，日常はなかなか気づくことができない，**SDGs3「すべての人に健康と福祉を」**というゴールについての認識を，改めて高める機会にもつながっていくだろう。

話し合ってみよう

人々を守る仕事や自然災害時の仕事には，どのようなものがあるだろう。

著者からのメッセージ

「誰一人取り残さない持続可能な社会の構築」――これからの時代を生きていく読者のみなさんをはじめ，地球上のすべての人々の願いである。そのためのSDGsの17のゴールを見ていくと，現在の日本や自分たちの生活にとって，あまり関係がないと考える人がいるかもしれない。貧困・飢餓，衛生・健康，水，エネルギー，人権，安全・平和，安定した職業などについての目標は，日本においてはそれなりに達成されているといえるからだ。この「持続可能な日本社会」に危機が生じるとすれば，自然災害がその大きな原因となるだろう。

20世紀の日本を地震の発生から見ると，前半と後半でいちじるしい偏りがある。1923年の関東大震災（本書が刊行されるのはこの地震からちょうど100年目）など，1,000人以上の犠牲者が生じた地震は前半に集中している。ざっとあげるだけでも，1927年北丹後地震，1943年鳥取地震，1944年・1946年の東海地震，南海地震，1945年三河地震，1948年福井地震などがある。しかし福井地震以降，都市部を襲う大規模な地震は発生しなかった（津波による日本海中部地震などは除く）。日本の高度経済成長は，このような地震がなかったということも大きかったのかもしれない。しかし，活断層型の福井地震から50年近くすぎた1995年に兵庫県南部地震（阪神淡路大震災）が発生した。以降，日本では再び大地震が目立つようになってきている。2004年中越地震，2007年中越沖地震，2011年東北地方太平洋沖地震（東日本大震災），2016年熊本地震と続いており，いつまた大きな地震が起きてもおかしくない状況だ。

本シリーズは，地震や津波をはじめとして，日本でよく起こる自然災害について，SDGsの観点から考えるヒントをまとめたものである。SDGsのゴール達成と自然災害への対応が連動していることは，本書を読んだみなさんならもうわかっているはずだ。

読者のみなさんが大人になり活躍する「Society5.0」の時代は，現在よりも一層グローバリゼーションが進んでいるだろう。世界の動向はもちろん，国際間の共通ルールなどの認識もますます必要となっていることが予想される。SDGsはまさにこのための国際的な目標だが，SDGsという言葉や考え方は突然世の中に登場したり，重視され始めたりしたのではない。自然と人間，人間（社会）と人間（社会）とのつながり，関わりを根本的に考え直す環境問題に端を発している。SDGsの誕生を改めて振り返るため，少し時代をさかのぼってみよう。

1972年に「国連人間環境会議」が開催された。環境問題全般についての初めての国際会議として，「かけがえのない地球（Only One Earth）」をテーマに論議がなされた。採択された「人間環境宣言」や「行動計画」などは，その後の国際的な施策の基本となり，日本を含む先進諸国にとって，経済成長から環境保全や環境保護へ政策をシフトする転換点となった。一方，開発途上国からは，経済の開発と先進諸国からの援助の増強が必要であることが主張された。この会議によって，環境問題解決への取り組みにはいわゆる南北問題の解決が必要なことが浮き彫りとなった。

この会議から節目となる20年後の1992年に「国連環境開発会議（地球サミット）」が開催された。会議の成果は「環境と開発に関するリオ宣言」として示された。さらに地球サミット10年後の2002年には「ヨハネスブルク地球サミット」が，20年後の2012年には「国連持続可能な開発会議（リオ＋20）」が開催された。2004年のスマトラ沖大地震およびインド洋大津波，2011年の東日本大震災によって，大規模な自然災害が持続可能な成長の大きな阻害要因となることも国際的な認識の中で広がった中での開催となった。

「持続可能な開発」という概念は，1980年代にまとめられたブラントラント報告の中で記載されたのが初めてである。教育に関しては，1975年に「国際環境教育会議」が開かれ，その時に採択された「ベオグラード憲章」，さらに1977年の「トビリシ環境教育政府間会議宣言」が大きな意味をもつ。そして2002年に日本から国際社会に提唱し採択されたのが，「国連持続可能な開発のための教育（ESD：Education for Sustainable Development）の10年」である。このESDが，その後GAPとして，さらにはESD for 2030と展開されていることは本書で紹介したとおりだ。

国際的な防災に関しても，日本がホスト国としてリーダーシップを取った国連防災世界会議開催の意義は大きい。1994年横浜，阪神淡路大震災10年後の2005年神戸，東日本大震災4年後の2015年仙台の３回の会議を経て「兵庫行動枠組」を引き継ぎまとめられた「仙台防災枠組2015-2030」は，SDGsのターゲットにも明確に記された。日本のこれまでの災害への対応経験を，国際社会に向けてハード面・ソフト面ともに広げることは，今後もとても重要なことだろう。

国際社会をまとめる機関として国際連合がある。国連は世界の平和と安全（安定）のために設置されている。日本はGDP（国内総生産）世界第３位の国として多くの分担金を出しているが，お金を出すことだけが国際社会への貢献ではない。自然災害という人類への大きな脅威に関して，日本から世界へのさまざまな貢献はますます期待される。

読者のみなさんが，将来国連機関に勤め国際的な業務に携わったり，地震学や地質学の研究者や技術者となって世界で活躍したりすることもあるかもしれない。何より，本書をきっかけとして，SDGsと自然災害の理解にもとづく持続可能な社会をつくる一人となってくれることを，もっとも期待している。

令和５年５月吉日

藤岡達也

さくいん

[著者]

藤岡達也（ふじおか　たつや）
滋賀大学大学院教育学研究科教授。大阪府立大学大学院人間文化学研究科博士後期課程修了。博士（学術）。上越教育大学大学院学校教育学研究科教授などを経て現職。専門は防災・減災教育，科学教育，環境教育・ESDなど。主な著書は『絵でわかる日本列島の地震・噴火・異常気象』（講談社），『知識とスキルがアップする 小学校教員と教育学部生のための理科授業の理論と実践』（講談社），『SDGsと防災教育』（大修館書店）など多数。

【図版出典】
●p.5 図 1：https://www.un.org/sustainabledevelopment/The content of this publication has not been approved by the United Nations and does not reflect the views of the United Nations or its officials or Member States●p.9図1：気象庁●p.10図2：Asia Disaster Reduction Center●p.11写真1：村田守（鳴門教育大学名誉教授）●p.14図1：地震調査研究推進本部●p.15図2：気象庁●p.16図1：国土地理院●p.18図1：海洋研究開発機構●p.20図2：地震調査研究推進本部●p.21図3：内閣府●p.22図1：東京大学出版会『新編　日本の活断層』(1991)／図2：地震調査研究推進本部●p.23図3：地震調査研究推進本部／図4：地震調査研究推進本部●p.24写真1：神戸市／写真2：神戸市●p.25図1：地震調査研究推進本部／図2：気象庁●p.26図1：産業技術総合研究所●p.28図1：気象庁／図2：東京大学出版会『新編　日本の活断層』(1991)●p.30図3：気象庁●p.31／図4：文部科学省『地震の発生メカニズムを探る』(2007)●p.39写真：広川町●p.42図1：関西電力●p.43図2：四国電力●p.45図1：資源エネルギー庁●p.46図2：原子力規制委員会●p.48図1：気象庁●p.49写真2：肥前島原松平文庫所蔵
＊表記のない写真は著者撮影

SDGs（エスディージーズ）で考える（かんが）日本（にほん）の災害（さいがい）①地震（じしん）・津波（つなみ）
© FUJIOKA Tatsuya, 2023　NDC374／63p／27cm

初版第1刷――2023年6月1日

著　者――――藤岡達也（ふじおかたつや）
発行者――――鈴木一行
発行所――――株式会社 大修館書店
〒113-8541 東京都文京区湯島2-1-1
電話03-3868-2651(販売部)
　03-3868-2299(編集部)
振替11490-7-40504
[出版情報] https://www.taishukan.co.jp/

デザイン・レイアウト――mg-okada
キャラクターデザイン――あずきみみこ
図版制作――――――明昌堂
印刷所―――――――広研印刷
製本所―――――――牧製本

ISBN978-4-469-26959-8 Printed in Japan